Produkt	Jan.	Feb.	Mär.	Apr.	Mai	Jun.	Jul.	Aug.	Sep.	Okt.	Nov.	Dez.
Apfel - Golden Delicious	•	•	•	•						•	•	•
Apfel - Jonagold	•	•	•	•	•	•				•	•	•
Aprikose					•	•						
Birne - Williams Christ								•	•	•		
Brombeere							•	•	•	•		
Erdbeere						•	•					
Heidelbeere						•	•	•				
Himbeere						•	•	•	•			
Holunderbeere								•	•			
Johannisbeere							•	•	•			
Kastanie / Marone									•	•		
Mirabelle								•	•			
Nektarine							•	•	•			
Pfirsich							•	•	•			
Pflaume							•	•				
Preiselbeere								•	•	•		
Quitte							•	•	•			
Rhabarber (Freiland)			•	•	•	•						
Sanddorn							•	•	•			
Sauerkirsche					•	•	•					
Stachelbeere					•	•	•					
Süßkirsche					•	•	•					
Tafeltraube							•	•				

björn moschinski

hier & jetzt vegan

marktfrisch einkaufen,
saisonal kochen

björn moschinski

hier & jetzt vegan

marktfrisch einkaufen, saisonal kochen

südwest

begrüßung patrik baboumian

Schon als Kind lernen wir eine antithetische Beziehung zwischen gesundem und leckerem Essen. Was gesund ist, schmeckt nicht, und was schmeckt, ist meistens nicht gesund. Und wenn wir erwachsen werden, dann wenden wir dieses Denkmuster auch auf andere Eigenschaften von Essen an. Zum Beispiel sind Lebensmittel, die unter ökologischen Bedingungen hergestellt wurden, teurer als ihre Nicht-Öko-Pendants. Doch muss das wirklich so sein?

Der Wechsel zu einer veganen Ernährung stellt einen bedeutenden Schritt in Richtung einer ökologisch vertretbaren und nachhaltigen Lebensweise dar. So kann jeder Einzelne einen Beitrag zur Nachhaltigkeit der gesamten Gesellschaft leisten und das mit überschaubarem Aufwand. Wenn man gut informiert ist, dann stellt man auch fest, dass die vegane Küche zugleich eine durchaus erschwingliche Alternative zur gemeinen Mischkost darstellt. Zudem ist eine vegane Ernährung ein guter Schutz vor nahezu sämtlichen Zivilisationskrankheiten wie Diabetes, Herz-Kreislauf-Erkrankungen und sogar Krebs. Doch obwohl das so ist, warum sind es dann immer noch so wenige Menschen, die die Vorteile der veganen Lebensweise für sich in Anspruch nehmen?

Es ist eben der in der Kindheit gelernte Irrglaube, dass das, was gesund ist, nicht lecker sein kann. Und deshalb bin ich unendlich dankbar, dass es Menschen wie Björn Moschinski gibt. Björn kämpft tagtäglich mit viel Herzblut gegen diese Voreingenommenheit. Mit seiner Küche und seinen Kochbüchern sowie seinen öffentlichen Auftritten zeigt er, dass eine ökologisch, gesundheitlich und ethisch bewusste Küche erschwinglich und vor allen Dingen unverschämt lecker ist.

Ich wünsche Ihnen viel Spaß mit diesem inspirierenden Kochbuch und vor allem einen guten Appetit beim genussvollen Nachkochen der verführerischen Rezepte.

Ihr Patrik Baboumian
(stärkster Mensch Deutschlands 2011 / 2012)

inhaltsverzeichnis

vorwort – björn moschinski Seite 6

frühling Seite 12

wildkräuter-salat mit tofustreifen 14 • salat von grünem spargel 17 • brennnessel-kartoffelsuppe 19 • rucolasalat mit marinierten erdbeeren 20 • dinkelgrünkernbratlinge 23 • gefüllte kohlrabi 24 • sojafilets im frühlingsmantel 27 • panierte selleriefilets auf mangoldrisotto 28 • gebratener spargel auf pasta 31 • waldmeisterparfait 33 • erdbeer-rhabarber-grütze mit vanillesauce 34 • rhabarberkuchen 36 • holunderblüten-bowle 39 • meißner quarktorte 40 •

sommer Seite 42

suppe von gelber paprika 44 • feurige zucchinisuppe 47 • belugalinsen-salat mit gegrillter zucchini 49 • fruchtiger sommersalat 50 • tomaten-avocado-carpaccio 52 • blätterteigtaschen mit spinat 55 • bruschetta 57 • germknödel mit waldbeerensauce 58 • reispuffer mit dattelratatouille 61 • selbstgemachte pasta mit geschmortem fenchel 62 • bbq-burger 64 • gemüseschaschlik 66 • kirschmichel 68 • feurige schokomousse an sauerkirschkompott 71 • erdbeertiramisu 73 • zitronencreme 75 • quarkkeulchen mit stachelbeerkompott 77 •

herbst Seite 78

berliner mini-buletten 80 • petersilienessenz mit grießklößchen 82 • kichererbsen-walnuss-burger 84 • rote-bete-lauch-salat 87 • flammkuchen 89 • kartoffel-waldpilz-strudel im gemüsereigen 91 • steinpilz-risotto 93 • birnenpastete mit fruchtrelish 94 • seitanröllchen 96 • mangold-kartoffel-auflauf 98 • gegrillter hokkaido 100 • pfirsichtartes 102 • gedeckter apfelkuchen 104 • pflaumeningwer-mohn-parfait 106 • lavendel-heidelbeer-eis 108 • apfelküchlein 110 •

winter Seite 112

reissalat mit sojahackbällchen 115 • linsen-gemüse-salat mit sour cream 116 • chicoréesalat mit meerrettichdressing 118 • teltower-rübchen-suppe 120 • ingwer-tempeh 122 • mit kürbis-lauch gefüllte cannelloni 124 • krautrouladen mit apfel-sellerie-bulgur 126 • gebackener chicorée 129 • cranberry-safrancouscous 131 • zimtcreme 132 • marzipanbratäpfel 135 • orangenschnitten 136 • vanillecreme 139 •

register Seite 140

impressum Seite 144

vorwort björn moschinski

Liebe Leserin, lieber Leser,

hier ist es: mein zweites Buch. Nach einem für mich extrem turbulenten und aufregenden Jahr 2012. Im Oktober 2011 veröffentlichte ich mein erstes veganes Kochbuch »Vegan kochen für alle«, das sich schnell in der veganen Szene und darüber hinaus verbreitete. Das Konzept des Buches war auf Kochanfänger und Neulinge in der veganen Küche ausgelegt. Besonders freuten mich die unzähligen Rückmeldungen von Menschen, die aufgrund der Einfachheit der Rezepte und der geschmacklichen Qualität den Einstieg in die vegane Lebensweise gefunden haben.

Auch dieses Feedback hat mich in meiner Entscheidung bestärkt, neben meinen anderen Projekten ein weiteres Kochbuch zu schreiben. Die Suche nach einem neuen Buchthema ging recht schnell, da für mich die Regionalität und Saisonalität immer wichtiger geworden waren. Außerhalb der Saison unreif gepflücktes und künstlich nachgereiftes Obst und Gemüse können nie den Geschmack und die Qualität liefern, welche die Gemüse- und Obstbauern aus der Region durch kurze Lieferwege frisch und knackig auf die Teller der Konsumenten bringen. Ich selbst hatte das große Glück, in meiner Jugend Gemüse und Obst direkt aus dem eigenen Garten ernten zu können. Heute finde ich diese Qualität noch am ehesten bei kleinen Betrieben in meiner Region, aber kaum in den Supermarktketten der Republik.

Der Titel »hier & jetzt vegan« ist nicht als direkter Aufruf zu deuten, sondern bezieht sich in erster Linie auf die Region – hier – und auf die Saison – jetzt – der jeweiligen Zutaten. Ich habe die Rezepte entsprechend der vier Jahreszeiten unterteilt, um einen kleinen Einblick in das Rohstoffangebot der jeweiligen Saison zu geben. Dies garantiert nicht nur die gute Qualität und Frische, sondern auch einen günstigen Preis, der zur jeweiligen Saison immer gegeben ist. Teilweise können die Rohstoffe auch direkt aus der Natur bezogen werden. Gerade im Frühling und Sommer bietet die heimische Natur so viele Köstlichkeiten!

In meinem veganen Restaurant »Kopps« in Berlin Mitte legen wir großen Wert auf eine frische und regionale Küche und Getränkeauswahl. Wir arbeiten hauptsächlich mit Weinbauern aus Deutschland zusammen und unser Gemüse und Obst kommen zum größten Teil aus der Region. Die vollen, runden Aromen schätzen nicht nur die Gäste, sondern auch das Küchenteam des »Kopps«. Diesen Aromen ist es auch zu verdanken, dass im »Kopps« keine Geschmacksverstärker oder ähnliche künstliche Zusatzstoffe verwendet werden.

Die Erfahrungen, die mein Küchenteam machen darf, möchte ich auch meinen Lesern ans Herz legen: Je höher die Qualität der Rohstoffe, umso einfacher ist es, daraus ein geschmacksintensives und nahrhaftes Gericht zu zaubern.

Was mich freut, ist der hohe Anteil von über 60 Prozent Mischköstlern, die im »Kopps« zu Gast sind. Mit der Qualität der täglich frisch zubereiteten Speisen, mit unserer umfangreichen Wein- und Getränkeauswahl und dem Engagement des Teams gelingt es uns immer wieder, die Erwartungen der Gäste zu übertreffen. Menschen, die mit einem positiven Gefühl das »Kopps« verlas-

sen, sind für uns die wertvollsten Botschafter für eine veganere Gesellschaft. Zahlreiche Rezensionen und selbst das Magazin »Der Feinschmecker« bestätigen uns darin, dass wir den richtigen Weg eingeschlagen haben.

Ich lebe jetzt seit über 18 Jahren vegan und gerade in der letzten Zeit ist eine Dynamik entstanden, die mich sehr erstaunt. Vor vier Jahren hätte ich nie damit gerechnet, dass so viele Menschen in meinem direkten Umfeld, aber auch deutschlandweit, vegan leben. Auch hätte ich nicht gedacht, dass die Bundesregierung Fakten veröffentlicht, welche die negativen Auswirkungen des Fleischverzehrs auf die Gesundheit, die Ökologie, die Situation der Menschen in der Dritten Welt und auf die Tiere selbst aufzeigen. Immer mehr Menschen, die in der Öffentlichkeit stehen, leben vegan und sind mit dieser Entscheidung vielen anderen ein Vorbild. Sportler wie Patrik Baboumian (stärkster Mensch Deutschlands 2011 / 2012), Michael Griesmeier (Ultramarathonläufer und Kraftsportler) oder Arnold Wiegand (Ironman und Triathlet) zeigen, dass mit einer rein pflanzlichen Lebensweise Höchstleistungen möglich sind und durch vegane Kost positiv unterstützt werden. Es ist ein großer Fortschritt, dass sich immer mehr Ärzte nicht nur selbst vegan ernähren, sondern auch eine vegane Lebensweise empfehlen.

Auch ein anderes Thema finde ich gerade in letzter Zeit immer wichtiger: Kinder. Es ist für mich teilweise erschreckend, wie wenig Zeit heutzutage in Kinder investiert wird. Gerade in den vergangenen Jahren habe ich in zahlreichen Einrichtungen mit Kindern kochen dürfen und war immer wieder beeindruckt, mit wie viel Lust, Spaß und Engagement sie bei der Sache sind.
Dafür hat mich mein Freund Michael sensibilisiert. Gemeinsam mit ihm und der Albert Schweitzer Stiftung für unsere Mitwelt entwickeln wir in Kooperation mit dem Deutschen Kinderhilfswerk e.V. Zukunftsprojekte für Kinder. Wir versuchen, den Kindern über Ernährung und Bewegung Spaß und Energie zu vermitteln. Im Jahr 2013 wollen wir unser erstes Kinder-Koch-Sportfest durchführen. Dieses Sportfest wird frei von Bier-, Limonaden- und Wurstständen und speziell auf Kinderwünsche zugeschnitten sein. Wir werden neue Sportarten mit unseren Pädagogen und Hochleistungssportlern entwickeln, die Spiel und Spaß in eine neue Dimension bringen. Wir werden mit Kindern für Kinder kochen und auch Wettkämpfe in der Küche veranstalten. Kinder sind unsere Zukunft und in diese Zukunft investiere ich sehr gern meine Zeit und meine Energie.

Begeisterung für das Kochen erlebe ich aber nicht nur bei Kindern. Im »extraVeganz«, der veganen Kochschule des veganen Supermarktes »Veganz« in Berlin, koche ich regelmäßig mit interessierten Menschen. Der Spaß am Kochen steht bei diesen Schulungen im Vordergrund. In lockerer und entspannter Atmosphäre lernen die Teilnehmer den richtigen Umgang mit unterschiedlichen Gemüse- und Obstsorten, die richtige Messerwahl, die besten Schnitttechniken und natürlich auch die richtige Vor- und Zubereitung von Fleisch-, Milch- und Käsealternativen. Es freut mich immer wieder, zu sehen, wie die Kursteilnehmer die Informationen förmlich aufsaugen und mir hinterher stolz von ihren Erfahrungen aus der heimischen Küche berichten. Diese Menschen und ihre Begeisterung machen mir Mut und bestärken mich immer wieder aufs Neue darin, meinen Weg weiterzugehen.

Ein sehr interessantes Phänomen ist auch die Entwicklung in Kantinen und Einrichtungen mit Gemeinschaftsverpflegung. In den vergangenen Jahren durfte ich in über 15 Betrieben mit insgesamt mehr als 25 Kü-

chen Köchinnen und Köche schulen. Diese Schulungen waren für mich sehr wertvoll. Dabei war es immer mein großes Ziel, die Köchinnen und Köche für die vegane Küche und die Zubereitung der Rohstoffe zu begeistern. Offensichtlich ist mir das sehr gut gelungen: Ich stehe immer noch mit vielen in Kontakt und darf miterleben, wie sich Angebot und Nachfrage nach veganen Gerichten sehr positiv entwickeln.

Kochen in der Großküche ist eine echte Herausforderung, da in ganz anderen Dimensionen als im Restaurant gekocht werden muss. Es ist normal, innerhalb von vier Stunden Mahlzeiten für rund 1500 Menschen zuzubereiten. Dass dies auch mit veganer Kost machbar ist, konnte ich ohne Probleme beweisen, und das wird auch tagtäglich in den Mensen bzw. Betriebsrestaurants in Deutschland umgesetzt.

Wenn ich diese Entwicklungen betrachte, freue ich mich auf die kommenden Jahre voller neuer Freundschaften, veganer Lebensmittel und veganer Projekte. Ich sehe diese Entwicklungen äußerst positiv und bin stolz darauf, meinen Teil dazu beizutragen.

Ich wünsche Ihnen mit meinem Kochbuch viel Freude und hoffe, Sie finden neue Inspirationen für den Küchenalltag. Ich freue mich auf Ihr Feedback!

Ein besonderer Dank gilt Florian Bolk (Le Schicken), dem Fotograf meiner Food-Kreationen, André Wagenzik für den tollen Trailer sowie Michael Frühbis für seine Unterstützung. Vielen Dank an das »Kopps«-Küchenteam und insbesondere an Marcus Kümmel, der mir in der Produktionszeit den Rücken freigehalten hat. Danke an meinen Verlag Südwest für die Unterstützung und das Verständnis. Danke an Jason für das Design. Dank Dir, Mirco (FritzKola), für Deine Unterstützung. Lieben Gruß auch an Patrik und Kathi: Ihr zwei seid super! Vielen Dank an all meine Fans und Unterstützer – Ihr gebt mir täglich die Kraft und Energie, die ich benötige, um für die Sache weiterzukämpfen! Einen riesigen Dank auch an meine Familie, die immer für mich da ist, und auch an Dich, mein Schatz, weil Du immer zu mir hältst, auch wenn das manchmal nicht so leicht ist.

frühling

wildkräuter-salat mit tofustreifen
im sesammantel und wasabi-tahina-dressing

4 Portionen

Für die Tofustreifen:
200 g Tofu (natur)
2 EL Mehl
3 EL Sojasahne (ungesüßt)
½ TL Speisestärke
Salz
Pfeffer
50 g Sesam
Öl zum Ausbacken

Für das Dressing:
2 EL Tahina
1 EL Olivenöl
1 EL Sojamilch (ungesüßt)
½ TL Aceto balsamico bianco
1 Msp. Wasabi (nach Geschmack auch mehr)
Salz

Für den Salat:
75 g Löwenzahn
75 g Giersch
40 g Sauerampfer
40 g Rucola
40 g Spitzwegerich
75 g junger Spinat
einige Borretschblüten

Den Tofu aus der Packung nehmen, mit einem Küchentuch trockentupfen und anschließend in fingerdicke Streifen schneiden.

Das Mehl in eine Schüssel geben, die Tofustreifen darin wenden und das überschüssige Mehl abklopfen. Die Sojasahne und die Stärke zu dem Mehl geben und mit einem Schneebesen zu einer leicht zähen Masse verrühren. Mit Salz und Pfeffer würzen. Die mehlierten Tofustreifen in die Masse tauchen, abtropfen lassen und anschließend im Sesam wälzen.

Für das Dressing alle Zutaten in einer Schüssel mit einem Schneebesen aufschlagen und nach Belieben mit Salz abschmecken. Den Wasabi vorsichtig dosieren, da sich die Schärfe verspätet entfaltet.

In ein Becken kaltes Wasser einlaufen lassen und den Salat darin gründlich aber behutsam waschen. Den gewaschenen Salat auf einem Küchentuch abtropfen lassen oder mit einer Salatschleuder vorsichtig schleudern.

Öl in einer Pfanne erhitzen und die Sesam-Tofustreifen darin goldbraun ausbacken. Den Salat in einer großen Schüssel mit dem Dressing vermischen, sofort mit den Tofustreifen auf Tellern verteilen und servieren.

Mein Tipp: Es gibt in jedem gut sortierten Supermarkt auch fertige Wildkräuter-Salatmischungen zu kaufen. Ich bevorzuge jedoch immer die selbst gepflückten Wildkräuter, da diese einfach frischer, nahrhafter, intensiver im Geschmack und vor allem in der Saison überall zu finden sind.

salat von grünem spargel
mit gerösteten haselnüssen

4 Portionen

600 g grüner Spargel
   (dünne Stangen)
4 EL Arganöl
2 Stängel Koriander
2 EL Zitronensaft
Zucker
Salz
weißer Pfeffer
50 g Haselnüsse (ohne
   Schale)
etwas Blattsalat
2 Radieschen

Den grünen Spargel unter fließendem Wasser putzen, anschließend trockentupfen und die holzigen Enden entfernen.

In einer Pfanne das Arganöl auf mittlere Temperatur erhitzen. Den Spargel dazugeben und kurz andünsten. Den Koriander waschen, trocknen, sehr fein hacken und zusammen mit dem Zitronensaft in die Pfanne geben. Mit Zucker, Salz und Pfeffer abschmecken und anschließend abkühlen lassen. In der Zwischenzeit die Haselnüsse nach Wunsch grob hacken, in einer Pfanne leicht anrösten und ebenfalls abkühlen lassen.

Den Spargel auf Tellern verteilen, die Haselnüsse darüberstreuen und mit Blattsalat sowie den in feine Streifen geschnittenen Radieschen garnieren. Zum Schluss die Marinade über den Salat geben und noch lauwarm servieren.

Mein Tipp: *Grüner Spargel ist meist zarter als weißer Spargel und muss daher nicht geschält werden. Da grüner Spargel nicht unter der Erde wächst, erhält er die grüne Farbe und kann auch einen leicht geöffneten Kopf aufweisen.*

brennnessel-kartoffelsuppe

4 Portionen

20 Triebe Brennnessel
50 g Margarine
1 Zwiebel
1 Karotte
2 Kartoffeln (festkochend)
1,5 l Gemüsefond
Salz
Pfeffer
75 ml Sojasahne

Die Brennnessel unter klarem Wasser abspülen, dann trockentupfen.

In einem Topf die Margarine bei mittlerer Temperatur schmelzen lassen. Die Zwiebel schälen, mit der Karotte in kleine Würfel schneiden und im Topf anschwitzen, bis die Zwiebelwürfel glasig sind.

In der Zwischenzeit die Kartoffel schälen, in Würfel schneiden und mit in den Topf geben. Nach 1 Minute mit dem Gemüsefond aufgießen und alles für 30 Minuten köcheln lassen.

Anschließend die Brennnessel grob hacken und im Topf für 10 Minuten mitköcheln lassen.

Mit einem Stabmixer alles fein pürieren und mit Salz und Pfeffer abschmecken. Die Suppe mit der Sojasahne verfeinern und heiß servieren.

rucolasalat mit marinierten erdbeeren
an cremigem dilldressing

4 Portionen

400 g Rucola
50 g Giersch
½ Bund Dill
200 g Erdbeeren
1 kleine Zwiebel
1 EL Öl
1 TL Zucker
50 ml Aceto balsamico di Modena
50 ml Rotwein
2 Zweige Thymian
2 EL Olivenöl
½ TL Agavendicksaft
Salz
Pfeffer
20 g Pinienkerne

Rucola, Giersch und Dill gründlich waschen und anschließend trockentupfen oder -schleudern.

Die Erdbeeren putzen und vierteln. Die Zwiebel häuten und in feine Würfel schneiden.

In einem kleinen Topf das Öl erhitzen und die Zwiebelwürfel darin glasig dünsten. Den Zucker dazugeben und karamellisieren lassen. Mit dem Balsamico und dem Rotwein ablöschen. Den Thymian dazugeben und alles einköcheln lassen, bis der Balsamico leicht eindickt. Die Thymianzweige entfernen, die Creme durch ein feines Sieb streichen und abkühlen lassen. Sollte die Creme zu dick sein, dann mit ein wenig Wasser verdünnen.

Nun die Erdbeeren mit der Balsamicocreme marinieren.

1 Teelöffel der Balsamicocreme mit Olivenöl, Agavendicksaft und Dill mixen und mit Salz und Pfeffer abschmecken. Die Pinienkerne in einer heißen Pfanne ohne Fett goldbraun rösten.

Vor dem Servieren den Salat mit dem Dressing vermischen und mit den Erdbeeren und den Pinienkernen auf einem Teller anrichten.

dinkel-grünkernbratlinge

4 Portionen

Für die Bratlinge:
1 Karotte
1 rote Zwiebel
3 EL Rapsöl
135 g Grünkernschrot
240 ml Gemüsefond
60 g Seitanpulver
½ TL Majoran
Salz
Pfeffer

Für die Gnocchi:
800 g Kartoffeln (vorwiegend festkochend)
Salz
450 g Mehl
75 g Grieß
4 Zweige Thymian
Muskat

Außerdem:
200 g Kräuterseitlinge
Salz
5 EL Olivenöl
1 Knoblauchzehe
Pfeffer

Für die Bratlinge die Karotte und die Zwiebel schälen und beides in sehr feine Würfel schneiden. In einem Topf das Rapsöl erhitzen und darin die Gemüsewürfel anschwitzen. Sobald die Zwiebelwürfel glasig sind, den Grünkernschrot dazugeben, kurz andünsten und mit dem Gemüsefond ablöschen. Alles unter gelegentlichem Rühren einköcheln lassen, bis der Grünkern weich aber bissfest ist. Die Masse sollte feucht sein und nicht im Fond schwimmen. Sobald die Masse abgekühlt ist, das Seitanpulver unter die Masse arbeiten und mit Majoran, Salz und Pfeffer abschmecken. Mit feuchten Händen Bratlinge aus der Masse formen.

Für die Gnocchi die Kartoffeln schälen und in Salzwasser weich kochen. Die Kartoffeln noch warm durch eine Kartoffelpresse drücken und sofort mit dem Mehl und dem Grieß vermischen. Die Kräuter fein hacken und unter die Masse heben. Mit Muskat und Salz abschmecken. Die Masse sollte nach dem Abkühlen eine weiche aber nicht mehr klebrige Konsistenz haben. Sollte die Masse zu weich sein, etwas mehr Mehl unterarbeiten.

Die Kartoffelmasse zu einer ca. 1 Zentimeter dicken Wurst ausrollen und mit einem Messer Stücke abschneiden. Nun mit einer Gabel die Stücke leicht flach drücken, damit die bekannte Gnocchi-Form entsteht.

Die Kräuterseitlinge in 5 Millimeter dicke Scheiben schneiden. In einem Topf Salzwasser zum Kochen bringen. Das Olivenöl in einer Pfanne erhitzen und die Grünkernbratlinge darin bei mittlerer Temperatur goldbraun braten, dann herausnehmen. In der Zwischenzeit die Temperatur des Salzwassers so weit senken, dass das Wasser nur noch siedet. Die Gnocchi hineingeben und, sobald diese oben schwimmen, mit einer Schaumkelle abschöpfen und in kaltem Wasser abschrecken. Anschließend die Temperatur des Öls in der Pfanne erhöhen und die Kräuterseitlinge mit der angedrückten Knoblauchzehe darin anbraten, bis diese Farbe bekommen. Zuletzt mit Salz und Pfeffer würzen. Die Pilze aus der Pfanne nehmen und auf Küchenpapier entfetten. Anschließend die abgetropften Gnocchi im aromatisierten Pilz-Olivenöl kurz anbraten und mit den restlichen Zutaten auf Tellern anrichten.

Mein Tipp: *Bei stark wasserhaltigem Gemüse ist es ratsam, sehr spät zu salzen, damit das Bratgut nicht auswässert und unnötig weich wird. Salz sowie auch Zucker entziehen dem Gemüse Wasser.*

gefüllte kohlrabi
mit cremiger lauchzwiebel-sauce und safranreis

4 Portionen

Für die gefüllten Kohlrabi:
2 große Kohlrabi
1 Zwiebel
1 Karotte
3 EL Albaöl
50 g Räuchertofu
Öl zum Braten
Salz
Pfeffer
100 g Couscous
100 ml Gemüsefond
50 g Soja-Schmelzkäse

Für den Reis:
1 EL Olivenöl
250 g Langkornreis
500 ml Gemüsefond
4 Fäden Safran
½ TL Salz

Für die Sauce:
6 Lauchzwiebeln
1 EL Margarine
300 ml Sojasahne (ungesüßt)
Muskat
Salz
Pfeffer

Die Kohlrabi schälen und in 2 gleich große Hälften schneiden. Mit einem Kugelausstecher die Hälften aushöhlen. Das Fleisch der Kohlrabi sehr fein hacken. Die Zwiebel und die Karotte schälen und mit dem Tofu in feine Würfel schneiden.

Das Öl in einem Topf erhitzen und die Kohlrabi-, Zwiebel-, Karotten- und Tofuwürfel darin anschwitzen, mit Salz und Pfeffer würzen. Sobald die Zwiebelwürfel glasig sind, den Couscous dazugeben und kurz mitrösten. Den Gemüsefond hinzufügen, den Topf von der Flamme nehmen und für 30 Minuten abgedeckt quellen lassen.

Für den Reis das Olivenöl erhitzen und den Reis darin glasig dünsten. Den Gemüsefond, Safran und Salz dazugeben, zum Kochen bringen und 10 Minuten bei mittlerer Temperatur und mit Deckel köcheln lassen. Anschließend die Herdplatte ausschalten und den Reis zugedeckt weitere 20 Minuten quellen lassen, bis das Wasser vollständig aufgesogen ist.

Nun die Couscousmasse mit dem Soja-Schmelzkäse vermischen, mit Salz und Pfeffer abschmecken und in die ausgehöhlten Kohlrabihälften füllen. Den Ofen auf 180 °C Umluft vorheizen und anschließend den Kohlrabi auf mittlerer Schiene für ca. 20 Minuten backen.

Für die Sauce die Lauchzwiebeln putzen und in grobe Ringe schneiden. In einem Topf die Margarine erhitzen und die Zwiebelringe darin kurz anschwitzen. Die Sojasahne dazugeben, aufkochen, leicht einköcheln lassen und mit Muskat, Salz und Pfeffer abschmecken. Den Reis vor dem Servieren durchrühren und mit den Kohlrabi und der Sauce auf Tellern anrichten.

sojafilets im frühlingsmantel
mit spargel-rhabarber-gemüse und gebackenen drillingen

4 Portionen

Für die Filets:
2 Tannentriebe
80 ml Wasser
40 ml Sojasahne
30 g Mehl
Salz
Cayennepfeffer
¼ Bund Petersilie
60 g Paniermehl
4 Sojafilets »Putenschnitzel« (z.B. von VantasticFoods)
75 ml Öl zum Ausbacken

Für die Drillinge:
800 g Kartoffeln (Drillinge)
2 Zweige Thymian
½ Zweig Rosmarin
3 EL Öl
Salz
Cayennepfeffer

Für das Gemüse:
500 g weißer Spargel
2 Stangen Rhabarber
1 Schalotte
2 EL Öl
1 TL Rohrohrzucker
2 EL Tamari-Sojasauce
Pfeffer

Die frischen Tannentriebe abspülen, in einem Topf mit dem Wasser aufkochen und für 5 Minuten ziehen lassen. Anschließend die Tannenspitzen entfernen und das Wasser mit der Sojasahne und dem Mehl verrühren. Die Konsistenz sollte nicht flüssig, sondern leicht gebunden sein. Mit Salz und Cayennepfeffer abschmecken. In einem Mörser die gezupfte Petersilie klein stoßen und mit dem Paniermehl vermischen. Die Sojafilets in die Mehl-Sahne-Wasser-Mischung tauchen, abtropfen lassen und in der Kräuter-Paniermehl-Mischung wenden.

Wasser in einem Topf zum Kochen bringen und die Drillinge darin für ca. 7 Minuten köcheln lassen. In der Zwischenzeit den gezupften Thymian und Rosmarin in einem Mörser klein stoßen und mit dem Öl vermischen. Mit Salz und Cayennepfeffer kräftig würzen. Die abgegossenen Kartoffeln halbieren und mit der Marinade beträufeln. Den Backofen auf 180 °C vorheizen.

Den Spargel sorgfältig unterhalb des Kopfes schälen und in grobe Stücke schneiden. Den Rhabarber und die Schalotte ebenfalls sorgfältig mit einem Messer schälen und in grobe Stücke schneiden.

Auf einem Blech die Kartoffeln bei 180 °C auf mittlerer Schiene für ca. 12 Minuten backen, bis sie goldbraun sind.

In einer Pfanne das Öl für das Gemüse und in einer weiteren das Öl für die Filets auf ca. 170 °C erhitzen.

Für das Gemüse den Rohrohrzucker in die Pfanne geben und leicht karamellisieren lassen. Anschließend das Gemüse gleichzeitig in die Pfanne geben und bei maximaler Temperatur kurz und scharf anbraten. Erst zum Schluss mit Tamari-Sojasauce ablöschen und mit Pfeffer würzen.

Die Filets im Fett schwimmend auf beiden Seiten ausbacken und anschließend auf Küchenpapier abtropfen lassen. Alles auf Tellern anrichten und heiß servieren.

Mein Tipp: Mit einem Holzlöffel kann man erkennen, ob das Öl die richtige Temperatur zum Braten hat. Sobald das Holz im Öl Blasen wirft, ist eine optimale Temperatur erreicht.

panierte selleriefilets auf mangoldrisotto
mit karamellisierten kürbiskernen und balsamicocreme

4 Portionen

Für die Balsamicocreme:
1 Zwiebel
Öl zum Braten
1 TL Zucker
50 ml Aceto balsamico
50 ml Rotwein
2 Zweige Thymian

Für die karamellisierten Kürbiskerne:
50 g Kürbiskerne
1 EL Rohrohrzucker
3 EL Wasser

Für die Selleriefilets:
700 g Sellerieknollen
Salz, Pfeffer
60 ml Sojamilch (ungesüßt)
1 EL Zitronensaft
40 ml Sojasahne
30 g Weizenmehl
20 g Mehl
Paniermehl
Öl zum Ausbacken

Für das Mangoldrisotto:
500 g Mangold
2 Schalotten
4 EL Margarine
Salz, Pfeffer
240 g Risottoreis
150 ml Weißwein
800 ml Gemüsefond
40 g Würzhefeflocken
75 ml Sojasahne
50 g Margarine

Für die Balsamicocreme die Zwiebel schälen und in feine Würfel schneiden. In einem kleinen Topf etwas Öl erhitzen und die Zwiebelwürfel darin glasig dünsten. Den Zucker dazugeben und karamellisieren lassen. Mit dem Balsamico und dem Rotwein ablöschen. Den Thymian dazugeben und alles einköcheln lassen, bis der Balsamico leicht eindickt. Thymianzweige entfernen, die Creme durch ein feines Sieb streichen und abkühlen lassen. Sollte die Creme zu dick sein, mit ein wenig Wasser verdünnen.

Für die karamellisierten Kürbiskerne eine Pfanne stark erhitzen, die Kürbiskerne darin ohne Fett kurz anrösten und herausnehmen. Den Zucker in die Pfanne geben und karamellisieren lassen, die Kürbiskerne und das Wasser dazugeben. Alles einköcheln, bis die Zuckermasse Blasen wirft, auf Backpapier ausstreichen und abkühlen lassen.

Für die Selleriefilets die Sellerieknollen mit einem Messer schälen und in Filets schneiden. Salzwasser in einem Topf zum Kochen bringen und die Selleriefilets darin bissfest garen. Anschließend in kaltem Wasser, idealerweise in Eiswasser, abkühlen lassen und trockentupfen. Die Sojamilch mit dem Zitronensaft, der Sojasahne und dem Mehl verrühren. Die Konsistenz sollte nicht flüssig, sondern leicht gebunden sein. Mit Salz und Pfeffer abschmecken. Die Selleriefilets mehlieren, anschließend in die Mischung tauchen, abtropfen lassen und im Paniermehl wenden.

Den Mangold für das Risotto waschen. Die dicken Stiele von dem Grün trennen und anschließend in feine Würfel schneiden. Das Grün in feine Streifen schneiden und zur Seite legen. Die Schalotten schälen und ebenfalls in feine Würfel schneiden. Die Margarine in einem Topf erhitzen und die Schalotten- sowie Mangoldstielwürfel darin glasig dünsten. Mit etwas Salz und Pfeffer würzen und anschließend den Reis mit andünsten. Der Reis darf keine Farbe bekommen. Alles mit Weißwein ablöschen und unter ständigem Rühren einkochen lassen. Nach und nach den Gemüsefond dazugeben. Je häufiger das Risotto umgerührt wird, desto besser ist das Ergebnis. Immer wieder Gemüsefond zugeben, bis der Reis den richtigen Biss hat. Zum Schluss die fein geschnittenen Mangoldstreifen, Würzhefe, Sojasahne und Margarine hinzufügen und alles mit Salz und Pfeffer abschmecken.

In einer Pfanne das Öl zum Ausbacken auf 170 °C erhitzen und die Selleriefilets darin goldbraun braten. Alles auf Tellern anrichten und heiß servieren.

gebratener spargel auf pasta
mit limetten-rucola-sauce

4 Portionen

20 g Pinienkerne
Salz
1 kg Spargel
500 g Tagliatelle
  (100% Hartweizen)
½ Bund Basilikum
3 Blatt Salbei
100 g Rucola
1 Limette
5 EL Olivenöl
2 EL Mandeln
Salz
Pfeffer
4 EL Arganöl
Cayennepfeffer

Eine Pfanne erhitzen und die Pinienkerne darin ohne Fett und unter häufigem Rühren goldbraun rösten. Die Pinienkerne zum Schluss salzen und abkühlen lassen.

Einen Topf mit reichlich Salzwasser aufsetzen und zum Kochen bringen. In der Zwischenzeit die Spargelstangen gründlich unterhalb des Kopfes schälen und schräg in mittelgroße Stücke schneiden. Die Nudeln im kochenden Wasser nach Anleitung bissfest garen.

In der Zwischenzeit das Basilikum mit Salbei, Rucola, Limettensaft, Olivenöl und Mandeln in einem Mörser zu einer groben Paste verarbeiten. Mit Salz und Pfeffer abschmecken. Die Nudeln abgießen, kurz ausdampfen lassen und anschließend mit der Paste marinieren.

Das Arganöl in einer Pfanne erhitzen und die Spargelspitzen darin scharf anbraten. Zum Schluss mit Salz und Cayennepfeffer abschmecken. Sofort mit den Nudeln und den gerösteten Pinienkernen servieren.

Mein Tipp: *Dieses Gericht schmeckt auch kalt als Salat sehr gut.*

waldmeisterparfait

4 Portionen

Für 500 ml Waldmeistersirup:
20 Stängel Waldmeister
350 g Zucker
300 ml Wasser

Für das Parfait:
150 g Sojajoghurt
2 EL Rohrohrzucker
8 EL Waldmeistersirup
250 ml aufschlagbare Sojasahne
Öl für die Form

Für den Sirup den Waldmeister waschen und die einzelnen Blätter von den Stängeln zupfen. Einen Topf bei kleiner bis mittlerer Stufe erhitzen, die Blätter hineingeben und unter ständigem Rühren 3–5 Minuten trocknen lassen.

Den Zucker hinzufügen und für weitere 2–3 Minuten rühren. Sobald der Zucker geschmolzen, aber noch nicht karamellisiert ist, das Wasser dazugeben, aufkochen lassen und auf die gewünschte Konsistenz einkochen. Anschließend durch ein feines Haarsieb streichen und abkühlen lassen.

Für das Parfait den Sojajoghurt mit dem Rohrohrzucker und dem Waldmeistersirup verrühren. Die Schlagsahne aufschlagen und vorsichtig unter die Joghurtmasse heben.

Eine Parfaitform mit wenig Öl einstreichen und anschließend mit Frischhaltefolie glatt auslegen. Die Parfaitmasse einfüllen und für mindestens 4 Stunden in den Gefrierschrank geben.

Mein Tipp: Der intensive Geschmack von Waldmeister entwickelt sich erst, wenn dieser erhitzt wird. Wer den Waldmeister konservieren will, kann dies tun, indem er ihn im Backofen bei 50–60 °C – ohne Umluft – komplett trocknet.

erdbeer-rhabarber-grütze mit vanillesauce

4 Portionen

Für die Grütze:
300 g Rhabarber
80 g Rohrohrzucker
300 g Erdbeeren
1 Zimtstange
150 ml Rotwein
40 g Sago

Für die Vanillesauce:
½ Vanilleschote
250 ml Sojamilch
30 g Rohrohrzucker
½ EL Stärke

Den Rhabarber gründlich schälen, in Stücke schneiden und mit der Hälfte des Zuckers bestreut über Nacht im Kühlschrank zugedeckt ziehen lassen.

Am nächsten Tag die Erdbeeren gründlich waschen, vom Grün befreien, in Stücke schneiden, mit dem Rest des Zuckers bestreuen und 30 Minuten ziehen lassen. Das Obst in einem Sieb abtropfen lassen, dabei den Saft auffangen. Zwei Drittel des aufgefangenen Safts in einem Topf gemeinsam mit der Zimtstange und dem Rotwein aufkochen. Den restlichen Saft mit dem Sago verrühren, langsam mit einem Schneebesen einrühren und das Ganze aufkochen. Das Obst dazugeben, 2 Minuten köcheln lassen, abschmecken und anschließend abkühlen lassen.

Für die Vanillesauce die Vanilleschote halbieren und das Mark herauskratzen. Drei Viertel der Sojamilch mit dem Zucker, dem Vanillemark und der ausgekratzten halben Schote aufkochen. In die restliche kalte Sojamilch die Stärke mit einem Schneebesen einrühren. Sobald die Sojamilch kocht, die Vanilleschotenhälfte entfernen und die Sojamilch-Stärke-Mischung mit einem Schneebesen in den Topf geben, dabei ständig rühren. Die Sauce für 1 Minute köcheln lassen, vom Herd nehmen und abkühlen lassen.

Dieses Dessert kann warm oder kalt angerichtet werden.

Mein Tipp: Sago ist ein geschmacksneutrales Verdickungsmittel aus Stärke, welches hervorragend zum Binden von Suppen, Grütze und Pudding geeignet ist. Es wird aus stärkehaltigen Pflanzen wie der Maniokwurzel gewonnen. Sago darf nicht zu lange gekocht werden, da es sonst breiig wird. Der richtige Zeitpunkt ist, wenn die Perlen noch erkennbar aber transparent sind.

rhabarberkuchen
mit vanillefüllung und blätterteiggitter

Springform
(⌀ 28 cm)

1 kg Rhabarber
50 g Rohrohrzucker
2 Platten TK-Blätterteig

Für den Boden:
200 g Weizenmehl
100 g Rohrohrzucker
½ Pck. Weinsteinbackpulver
1 Prise Salz
125 g kalte Margarine

Für die Füllung:
1 Vanilleschote
250 g Sojamilch
40 g Rohrohrzucker
40 g Speisestärke

Den Rhabarber gründlich schälen, in grobe Stücke schneiden und gezuckert über Nacht im Kühlschrank ziehen lassen. Die Blätterteigplatten auf einer bemehlten Arbeitsfläche auftauen lassen.

Für den Boden die Zutaten in einer Schüssel abwiegen und mit einer Küchenmaschine zu einem Teig verrühren. Nicht zu lange rühren, der Teig sollte noch mürbe sein. Den Teig in einer Springform verteilen, leicht andrücken und im Kühlschrank kalt stellen.

Für die Füllung die Vanilleschote längs halbieren, das Vanillemark herauskratzen und mit der Sojamilch und dem Zucker in einem Topf zum Kochen bringen. Den gezuckerten Rhabarber in einem Sieb abtropfen lassen, den Saft auffangen und 100 Milliliter davon mit der Speisestärke verrühren. Sobald die Sojamilch kocht, den Saft mit der Stärke langsam und unter ständigem Rühren dazugeben. Alles einmal aufkochen und so lange köcheln lassen, bis die Stärke bindet. Den Topf vom Herd ziehen, den abgetropften Rhabarber unter die Masse rühren und abkühlen lassen.

Den Backofen auf 180 °C vorheizen. In der Zwischenzeit die Blätterteigplatten mit einem Nudelholz ausrollen, in 1 Zentimeter dicke Streifen schneiden und diese zu einem Rautengitter verflechten.

Die Kuchenform mit dem Boden aus dem Kühlschrank nehmen, die Rhabarber-Puddingfüllung darauf verteilen und das Blätterteiggitter vorsichtig aufsetzen. Mit dem Nudelholz über den Rand der Kuchenform rollen, damit die überschüssigen Teigreste abfallen. Den Kuchen bei 180 °C auf mittlerer Schiene für 35–40 Minuten backen. Vor dem Servieren auskühlen lassen.

Mein Tipp: Die ausgekratzten Vanilleschoten nicht wegwerfen; stattdessen kann man sie sehr gut zum Herstellen von natürlichem Vanillezucker verwenden. Einfach Rohrohrzucker mit den leeren Vanilleschoten in einem geschlossenen Glas aufbewahren, und nach 2 Monaten hat man herrlich aromatischen Vanillezucker.

holunderblüten-bowle

25 Portionen à 0,2 l

¼ Biozitrone
15 Holunderblütendolden
3 l Wasser
ca. 200 ml Agavendicksaft
2 l Sekt

Zitrone heiß waschen, trocknen und in Scheiben schneiden. Die Holunderblüten kurz mit kaltem Wasser abbrausen und mit den Zitronenscheiben über Nacht im Wasser ziehen lassen.

Am nächsten Tag die Blüten aus dem Wasser nehmen und den Rest mit einem Stabmixer pürieren. Alles durch ein feines Haarsieb gießen und anschließend mit dem Agavendicksaft abschmecken. Mit Sekt aufgießen und kalt servieren.

Mein Tipp: Die Blüten am besten kurz nach dem Öffnen pflücken! Vorsichtig vom Zweig schneiden, da sonst der geschmacksintensive Pollenstaub aus der Blüte fällt. Die beste Zeit zum Pflücken ist in der letzten Mai- und der ersten Juniwoche.

meißner quarktorte

Springform
  (⌀ 18 cm)

140 g Alsan
  (vegane Butter)
340 g Zucker
½ Vanilleschote
1 Biozitrone
80 g Grieß
800 g Seidentofu
2 Pck. Backpulver
1 Prise Salz
6 EL Weizenmehl
Alsan zum Bestreichen
3 EL Puderzucker

Die zimmerwarme Alsan mit dem Zucker schaumig schlagen. Die Vanilleschote längs halbieren und das Mark herauskratzen. Zitrone heiß waschen, trocknen, Zesten von der Zitrone reißen, 2 Esslöffel Zitronensaft auspressen. Beides mit Vanillemark, Grieß, Seidentofu, Backpulver, Salz und Mehl zur geschlagenen Alsan geben und verrühren.

Eine Springform mit Backpapier auslegen und die Kuchenmasse hineingeben. Bei 180 °C auf mittlerer Schiene für 50–60 Minuten im vorgeheizten Ofen backen.

Sofort nach dem Backen den Kuchen mit etwas flüssiger Alsan bestreichen und mit Puderzucker bestreuen.

Mein Tipp: Nach meinem letzten Buch erreichten mich immer wieder Fragen zu einzelnen Öfen. Ich musste feststellen, dass die meisten Backöfen, obwohl auf die gleiche Temperatur eingestellt, bis zu 30 °C Unterschied aufweisen. Daher besorgen Sie sich am besten ein Ofenthermometer, welches Sie in den Ofen legen können, um somit die optimale Temperatur einzustellen.

sommer

suppe von gelber paprika
mit blätterteig-kräuterstangen

4 Portionen

5 gelbe Paprikaschoten
Rapsöl
1 Zweig Rosmarin
4 Zweige Thymian
1 Platte TK-Blätterteig
1 Zwiebel
50 g Margarine
1 l Gemüsefond
Salz
Cayennepfeffer
100 ml Sojasahne

Den Backofen auf 220 °C vorheizen. Die Paprikaschoten unter fließendem Wasser waschen und gründlich trockenreiben. Mit etwas Öl einreiben und auf einem Blech auf mittlerer Schiene in den vorgeheizten Ofen schieben. Die Paprika leicht rösten lassen. Sobald die Paprika nach 15–20 Minuten anfangen schwarz zu werden, aus dem Ofen holen und in ein kühles feuchtes Küchenhandtuch wickeln. Nachdem die Paprikaschoten abgekühlt sind, die Haut abziehen. Anschließend das Kerngehäuse entfernen und die Schoten in grobe Würfel schneiden.

Rosmarin und Thymian zupfen und fein hacken. Die gehackten Kräuter auf der aufgetauten Blätterteigplatte verteilen, diese einmal einklappen und mit einem Nudelholz auswalzen. Den Vorgang zwei weitere Male wiederholen, um die Kräuter in den Teig einzuarbeiten.

Nun den Teig dünn ausrollen, in Streifen schneiden und in sich eindrehen, dann im Ofen bei 160 °C auf mittlerer Schiene für 7–10 Minuten goldbraun backen.

Die Zwiebel häuten und in feine Würfel schneiden. Die Margarine in einem Topf erhitzen und die Zwiebelwürfel darin glasig dünsten. Die Paprikawürfel dazugeben und anschließend mit Gemüsefond aufgießen. Alles 10 Minuten köcheln lassen und danach mit einem Stabmixer fein pürieren.

Mit Salz und Cayennepfeffer abschmecken und vor dem Servieren mit der Sojasahne verfeinern.

Mein Tipp: Die Paprikaschoten bekommen durch das Rösten im Ofen ein intensives Aroma, welches an die Suppe weitergegeben wird. Es sieht übrigens toll aus, wenn die Suppe in ausgehöhlten Paprikaschoten serviert wird.

feurige zucchinisuppe

4 Portionen

400 g Zucchini
1 Zwiebel
1 Karotte
1 mittelgroße
 Kartoffel
2 EL Erdnussöl
1 Chilischote
500 ml Gemüsefond
Salz
Pfeffer
Sojasahne nach
 Geschmack

Die Zucchini gründlich waschen und in grobe Würfel schneiden. Die Zwiebel häuten, die Karotte und Kartoffel schälen und alles in feine Würfel schneiden.

Das Öl in einem Topf erhitzen und die Zwiebel- und Karottenwürfel darin anbraten, bis die Zwiebelwürfel glasig sind. In der Zwischenzeit die Chilischote halbieren, entkernen und in feine Würfel schneiden. Die Zucchini- und Kartoffelwürfel sowie je nach Geschmack und Schärfewunsch die klein gehackte Chili in den Topf geben, kurz anschwitzen und das Ganze mit dem Gemüsefond ablöschen. Alles aufkochen und bei geringer Hitze mit geschlossenem Deckel für 15–20 Minuten köcheln lassen.

Die Suppe mit einem Stab- oder Standmixer fein pürieren. Anschließend mit Salz und Pfeffer abschmecken und gegebenenfalls mit etwas Sojasahne verfeinern.

belugalinsen-salat mit gegrillter zucchini

4 Portionen

150 g Belugalinsen
1 Schalotte
2 EL Olivenöl
50 ml Weißwein
250 ml Gemüsefond
½ Orange
1 Karotte
2 Radieschen
Salz
Pfeffer
1 Zucchini
Olivenöl zum Braten
1 Knoblauchzehe
Zitronenpfeffer

Die Belugalinsen unter klarem Wasser abspülen und abtropfen lassen. Die Schalotte häuten und in feine Würfel schneiden. Einen Topf mit dem Öl erhitzen und die Schalottenwürfel darin glasig dünsten. Die Belugalinsen dazugeben, 2 Minuten anschwitzen und anschließend mit dem Weißwein ablöschen. Den Weißwein verkochen lassen. Nun den Gemüsefond nach und nach dazugeben, bis die Linsen weich sind, aber noch Biss haben. Sofort vom Herd nehmen, den Saft der Orange darüberträufeln und die Linsen auf einem Blech ausbreiten, damit sie schneller auskühlen.

Die Karotte schälen und anschließend in feine Streifen schneiden. Die Radieschen waschen, ebenfalls in feine Streifen schneiden und mit den Karottenstreifen zu den Linsen geben. Mit Salz und Pfeffer abschmecken.

Die Zucchini waschen und der Länge nach in Scheiben schneiden. Eine Grillpfanne mit etwas Olivenöl und dem angedrückten Knoblauch erhitzen und die Zucchini darin anbraten. Mit Salz und Zitronenpfeffer würzen und auf Tellern mit den Linsen anrichten.

Mein Tipp: Das Öl wird aromatisiert, wenn man die Knoblauchzehe vorsichtig andrückt und miterhitzt. Die Zehe darf aber unter keinen Umständen schwarz werden, da sonst das Öl bitter wird.

fruchtiger sommersalat
mit apfel-feigen-dressing

4 Portionen

Für das Dressing:
½ Apfel
50 g Erdbeeren
3 EL Aceto balsamico bianco
8 EL Olivenöl
1 TL Senf
2 Feigen
2 Spritzer Agavendicksaft
Salz
Pfeffer

Für den Salat:
2 Frühlingszwiebeln
6 Tomaten
1 Gurke
¼ Wassermelone
200 g Erdbeeren
100 g rote Johannisbeeren
¼ Kopf Radicchio
¼ Kopf Eisbergsalat

Für das Dressing den Apfel schälen, entkernen und in kleine Würfel schneiden. Die Erdbeeren waschen, putzen, klein schneiden und mit den restlichen Dressingzutaten in ein hohes Mixgefäß geben. Mit einem Stab- oder Standmixer alles glatt pürieren, mit Salz und Pfeffer abschmecken und nach Bedarf durch ein dünnes Haarsieb streichen.

Die Frühlingszwiebeln waschen, putzen und in feine Streifen schneiden. Anschließend das restliche Gemüse, das Obst und den Salat waschen, putzen und alles in mundgerechte Stücke schneiden. Alles in einer großen Schüssel mischen.

Das Dressing erst kurz vor dem Servieren zu dem Salat geben.

Mein Tipp: Radicchio lieber in moderaten Mengen verwenden, da er über viele Bitterstoffe verfügt. Diese sind zwar gesund, aber nicht jedermanns Geschmack. Radicchio und Eisbergsalat müssen im Übrigen nicht gewaschen werden. Es reicht, die äußeren Blätter zu entfernen.

tomaten-avocado-carpaccio
mit mohn-limetten-dressing

4 Portionen

1 EL Blaumohn
Saft von 1 Limette
3 EL Olivenöl
½ TL Aceto balsamico bianco
1 TL Agavendicksaft
Salz
Pfeffer
100 g Kräutersalat (Giersch, Spinat, Brennnessel, Rucola, Spitzwegerich etc.)
4 große Tomaten
3 reife Avocados

Den Blaumohn mit dem Saft der Limette, Olivenöl, Balsamico und Agavendicksaft in einer Schüssel verrühren und mit Salz und Pfeffer abschmecken. Den Kräutersalat waschen und anschließend trockenschleudern oder -tupfen.

Die Tomaten waschen, von Stielansätzen befreien und anschließend in Scheiben schneiden. Die Avocados erst kurz vor dem Servieren aufschneiden, den Kern entfernen und das Fruchtfleisch mit einem Löffel vorsichtig aus der Schale lösen. Anschließend in feine Scheiben schneiden und diese abwechselnd mit den Tomatenscheiben auf Tellern verteilen.

Den Salat in der Mitte anrichten und das Dressing über den Salat und die Tomaten- sowie die Avocadoscheiben geben. Sofort servieren, da sonst die Avocados braun werden.

Mein Tipp: Avocados verfärben sich nicht dunkel, wenn sie mit Zitronen- oder Limettensaft benetzt werden. In diesem Fall wird jedoch darauf verzichtet, damit der Geschmack der Limette im Salat nicht zu intensiv ist.

blätterteigtaschen mit spinat
dazu pinienkerne und tofu

4 Portionen

200 g Naturtofu
Salz
3 EL Pinienkerne
1 Zwiebel
1 rote Paprikaschote
400 g Babyspinat
4 Platten TK-Blätterteig
2 EL Rapsöl
Salz
Pfeffer
Muskat

Den Naturtofu in kleine Würfel schneiden und in einen Topf geben. Den Topf mit Salzwasser auffüllen, bis die Würfel bedeckt sind, und anschließend zum Kochen bringen. Den Topf vom Herd nehmen, abkühlen lassen und über Nacht im Kühlschrank ziehen lassen.

Am nächsten Tag die Pinienkerne in einer heißen Pfanne ohne Fett goldbraun rösten und abkühlen lassen.

Die Zwiebel häuten und in feine Würfel schneiden. Die Paprika waschen, entkernen und ebenfalls in feine Würfel schneiden. Den Spinat waschen, trockenschleudern und in grobe Streifen schneiden.

Den Blätterteig auf ein bemehltes Brett geben und auftauen lassen. In einer Pfanne das Öl erhitzen und die Zwiebelwürfel darin glasig dünsten. Die Paprikawürfel sowie den jungen Spinat dazugeben und alles leicht einköcheln lassen. Den Tofu abgießen und zusammen mit den Pinienkernen in die Pfanne geben. Alles mit Salz, Pfeffer und Muskat abschmecken.

Den Backofen auf 170 °C vorheizen. Den Blätterteig in 12 große Stücke teilen. 4 davon als Boden auf ein Backpapier legen. Die restlichen Stücke ausschneiden, sodass ein mindestens 5 Millimeter breiter Rand übrig bleibt. Jeweils 2 dieser Ränder auf einen Boden legen und das Ganze anschließend bei 170 °C für 10–12 Minuten im Ofen vorbacken. Der Blätterteig sollte noch nicht goldgelb sein. Die Formen nun aus dem Backofen nehmen und vorsichtig mit der Spinat-Tofu-Masse füllen. Nochmals in den Ofen geben und goldgelb fertig backen. Noch heiß servieren.

***Mein Tipp:** Blätterteig muss nicht vorgebacken werden, wenn die Füllung relativ trocken ist. In diesem Fall aber würde die Feuchtigkeit ansonsten das Aufgehen des Teiges verhindern.*

bruschetta

4 Portionen

2 EL Pinienkerne
4 Tomaten
2 Schalotten
100 g Räuchertofu
4 EL Olivenöl
1 EL Tamari-Soja-
  sauce
Salz
Pfeffer
Aceto balsamico
1 Knoblauchzehe
1 Baguette
½ Bund Rucola

Pinienkerne in einer heißen Pfanne ohne Fett braun rösten und zur Seite stellen. Die Tomaten putzen, halbieren, entkernen und das Fruchtfleisch in feine Würfel schneiden. Die Schalotten häuten und in Ringe schneiden. Den Räuchertofu trockentupfen und in feine Streifen schneiden.

In einer Pfanne 2 Esslöffel Olivenöl erhitzen und den Räuchertofu mit den Schalottenringen darin anbraten, bis die Schalotten leicht Farbe bekommen. Anschließend mit der Tamari-Sojasauce ablöschen und vom Herd ziehen. Noch warm die Tomatenwürfel und die Pinienkerne daruntermischen und mit Salz, Pfeffer und Balsamico abschmecken.

Den Knoblauch leicht andrücken und in einer Pfanne mit dem restlichen Olivenöl erhitzen. Das Baguette in grobe Scheiben schneiden und in der Pfanne anrösten. Den Knoblauch entfernen, sobald er dunkel wird.

Den Rucola auf das geröstete Baguette legen und die Tomaten-Räuchertofu-Masse darauf verteilen.

germknödel mit waldbeerensauce

4 Portionen

200 g Mehl
100 ml Sojamilch (gesüßt)
½ Würfel Hefe
125 g Zucker
50 g zimmerwarme Alsan (vegane Butter)
250 g Waldbeeren
75 ml Rotwein
250 ml Wasser
1 EL Speisestärke

Das Mehl in eine Schüssel geben und in der Mitte eine kleine Mulde formen. Die Milch in einem Topf leicht erwärmen, die Hefe darin auflösen und ca. 10 Minuten gehen lassen. Anschließend Milch, 50 Gramm Zucker und Alsan in die Mulde geben und mit einem Holzlöffel zu einem weichen Teig rühren. Sollte der Teig zu feucht sein, etwas mehr Mehl dazugeben. Anschließend den Teig in der Schüssel zugedeckt an einem warmen Ort für ca. 30 Minuten gehen lassen.

Einen großen Topf mit Wasser aufsetzen und zum Kochen bringen. Ein sauberes Küchentuch so über den Topf spannen, dass dieses durchhängt, ohne das Wasser zu berühren.

Nun den Teig durchkneten und kleine Knödel daraus formen. Diese auf einer leicht bemehlten Arbeitsfläche 5 Minuten ruhen lassen und anschließend in das Tuch setzen. Bei geschlossenem Deckel die Knödel für ca. 15 Minuten dämpfen.

Die Waldbeeren putzen und in eine Schüssel geben. Den restlichen Zucker in einem Topf karamellisieren lassen und anschließend den Wein und 200 Milliliter vom Wasser dazugeben. Alles gemeinsam aufkochen lassen. In der Zwischenzeit die Speisestärke mit dem restlichen Wasser verrühren und dann langsam unter ständigem Rühren in den Topf geben. Das Ganze einmal aufkochen lassen und in die Schüssel mit den Beeren geben. Die Sauce zu den Germknödeln servieren.

Mein Tipp: *Hefe wird bei einer Temperatur ab 60 °C abgetötet. Daher ist es wichtig, die Milch nur lauwarm zu temperieren. Achtung: Die Knödel verdoppeln beim Dämpfen ihr Volumen, lasssten Sie daher entsprechend Platz, wenn Sie sie in das Tuch setzen.*

reispuffer mit dattelratatouille

4 Portionen

Für die Reispuffer:
100 g Reis
Salz
1 Karotte
½ Zwiebel
2 EL Walnussöl
30 g Walnüsse
Pfeffer
40 g Mehl
¼ TL Backpulver
40 g veganer Schmelzkäse
75 ml Sojamilch (ungesüßt)
4 EL Rapsöl zum Braten

Für das Ratatouille:
3 Tomaten
1 Aubergine
1 Zucchini
Saft von ½ Zitrone
1 Zwiebel
2 Paprikaschoten
100 g Datteln
2 EL Olivenöl zum Braten
2 Zweige Thymian
Salz
Pfeffer

Den Reis waschen und in einem Topf mit reichlich Salzwasser weich kochen.

Für das Ratatouille einen Topf mit Wasser aufsetzen und zum Kochen bringen. Die Tomaten waschen und von den Stielansätzen befreien. Ein Kreuz in die Haut ritzen und für 10–15 Sekunden in das kochende Wasser tauchen. Anschließend die Tomaten in kaltem Wasser abschrecken, von der Haut befreien, entkernen und in feine Würfel schneiden.

Die Aubergine und Zucchini waschen, die Enden abschneiden und der Länge nach vierteln. Das weiche Innere entfernen, den Rest in feine Würfel schneiden und mit dem Zitronensaft vermischen. Die Zwiebel schälen, die Paprikaschoten entkernen und beides ebenfalls in feine Würfel schneiden. Die Datteln entkernen und in Streifen oder Ringe schneiden.

Für die Reispuffer die Karotte sowie die Zwiebel schälen und beides in feine Würfel schneiden. Den gekochten Reis abkühlen lassen und in der Zwischenzeit das Walnussöl in einem Topf erhitzen. Die Karotte und Zwiebel im Walnussöl glasig dünsten und anschließend die grob zerstoßenen Walnusskerne dazugeben. Mit etwas Salz und Pfeffer würzen, unter den Reis mischen und abkühlen lassen. Anschließend die restlichen Zutaten zum Reis geben und mit der Sojamilch zu einem zähen Teig mischen. Diesen mit Salz und Pfeffer abschmecken.

In 2 Pfannen das Bratöl erhitzen. Zuerst in einer Pfanne die Zwiebel- und Auberginenwürfel im Olivenöl anbraten. Anschließend Zucchini, Paprika, Tomaten, Datteln und Thymian dazugeben, anbraten und mit Salz und Pfeffer abschmecken. In der zweiten Pfanne die Reispuffer bei mittlerer Temperatur im Rapsöl ausbacken und anschließend auf Küchenpapier abtropfen lassen.

Alles noch heiß auf Tellern anrichten und sofort servieren.

Mein Tipp: Reispuffer sind eine schnelle und tolle Mahlzeit und bieten sich immer an, wenn Reis vom Vortag übrig geblieben ist.

selbstgemachte pasta mit geschmortem fenchel
an tomaten, radicchio und rucolapesto

4 Portionen

Für die Pasta:
100 g Weizenmehl
200 g Hartweizen (pastageeignet)
200 ml Wasser
1 TL Essig
Mehl zum Trocknen
Salz zum Kochen

Für das Pesto:
½ Bund Rucola
4 EL Olivenöl
1 TL Zitronensaft
2 EL Mandeln (gemahlen)
1 EL Hefeflocken
Salz
Pfeffer

Außerdem:
8 Tomaten
1 Zwiebel
1 Fenchel
2 EL Olivenöl
1 Knoblauchzehe
Salz
Pfeffer
½ Kopf Radicchio zum Garnieren

Die Zutaten für die Pasta in einer Küchenmaschine oder per Hand zu einem Teig verarbeiten und für mindestens 1 Stunde im Kühlschrank ruhen lassen.

Für das Pesto den Rucola putzen und grob hacken. Olivenöl, Zitronensaft, Mandeln und Hefeflocken in einem Mörser vermischen und anschließend mit dem Rucola darin zu einem Pesto verarbeiten. Mit Salz und Pfeffer abschmecken.

Die Tomaten waschen und von den Stielansätzen befreien. Ein Kreuz in die Haut ritzen und für 10–15 Sekunden in kochendes Wasser tauchen. Anschließend die Tomaten in kaltem Wasser abschrecken, von der Haut befreien, entkernen und in grobe Würfel schneiden. Die Zwiebel häuten und ebenfalls in grobe Würfel schneiden. Den Fenchel waschen und in der Mitte teilen. Den Strunk entfernen und den Fenchel in grobe Streifen schneiden.

Den Pastateig in einer Pastamaschine zu Teigplatten verarbeiten und anschließend in dünne Streifen schneiden. Die Teigstreifen in reichlich Mehl kurz antrocknen lassen. Einen großen Topf mit Salzwasser ansetzen.

Das Olivenöl in einer Pfanne erhitzen. Den Knoblauch mit dem Messer sanft andrücken und mit dem Fenchel zum heißen Öl geben. Sobald der Fenchel leicht Farbe annimmt, die Zwiebel- und Tomatenwürfel dazugeben und anschwitzen, bis die Zwiebel glasig wird. Mit Salz und Pfeffer abschmecken. Den Knoblauch entfernen, sobald er dunkel wird.

Anschließend die Nudeln ins siedende Wasser geben und 2–4 Minuten kochen, bis sie bissfest sind. Die Pasta abtropfen lassen und in der Pfanne mit dem Gemüse und dem Pesto schwenken. Den Radicchio in feine Streifen schneiden oder als ganzes Blatt auf den Tellern mit der Pasta anrichten und sofort servieren.

Mein Tipp: Der Hartweizen, den es in unseren Supermärkten zu kaufen gibt, eignet sich nicht sonderlich gut für Pasta, da er oft zu grob ist. In speziellen Geschäften oder im Internet gibt es für die Pastaherstellung geeigneten Hartweizen, meist aus Italien.

bbq-burger

4 Portionen

100 g Sojamedaillons
Salz
50 ml Rapsöl
½ Knoblauchzehe
1 TL Paprikapulver
½ TL Cayennepfeffer
1 Zweig Thymian
4 Rosmarinnadeln
3 Tropfen Rauch-
   aroma
Pfeffer

Für die Remoulade:
80 ml Sojamilch
   (ungesüßt)
1 TL Aceto balsamico
   bianco
100 ml Rapsöl
1 Schalotte
½ Bund Schnittlauch
½ TL Senf

Für das Grillgemüse:
1 Zwiebel
4 Tomaten
1 Aubergine
2 Paprikaschoten
4 Champignons
4 EL Walnussöl
3 EL Olivenöl
½ Knoblauchzehe
½ TL Cayennepfeffer
½ TL Oregano
½ TL Rohrohrzucker
1 TL Aceto balsamico
   bianco
½ TL Tomatenmark

4 Burgerbrötchen
Salatblätter

Die trockenen Medaillons mit kochendem Salzwasser überbrühen, mit einem Deckel beschweren, damit sie unter Wasser gedrückt werden, und für 20–25 Minuten ziehen lassen. In der Zwischenzeit die restlichen Zutaten in einem Mörser zu einer Marinade verarbeiten und mit Salz und Pfeffer kräftig würzen.

Für die Remoulade die Sojamilch und den Balsamico in ein hohes Gefäß geben. Mit einem Stabmixer alles auf höchster Stufe vermixen und langsam das Öl dazugeben, bis eine Emulsion entsteht. Die Schalotte häuten und in sehr feine Würfel schneiden. Den Schnittlauch waschen und in feine Röllchen schneiden. Schalotte und Schnittlauch mit dem Senf unter die Remoulade heben und mit Salz und Pfeffer abschmecken.

Die Medaillons abgießen und mit den Händen vorsichtig ausdrücken. Die Marinade zu den ausgedrückten Medaillons geben, einmassieren und ziehen lassen.

Für das Grillgemüse die Zwiebel schälen, die Tomaten sowie die Aubergine waschen und jeweils in dicke Scheiben schneiden. Die Paprikaschoten waschen, vierteln und entkernen. Die Champignons putzen und vom Stiel befreien. Das Walnuss- und Olivenöl mit den restlichen Gewürzen und Zutaten im Mörser zu einer Marinade verarbeiten und mit Salz und Pfeffer abschmecken. Das Gemüse in der Marinade schwenken und 5 Minuten ziehen lassen.

Das Gemüse und die Medaillons auf einem Grill oder in einer Grillpfanne anbraten und zusammen mit den Salatblättern in den Burgerbrötchen servieren.

gemüseschaschlik
mit johannisbeer-bbq-sauce und hirsesalat

4 Portionen

Für den Hirsesalat:
1 Schalotte
1 Karotte
2 EL Olivenöl
½ Chilischote
200 g Hirse
200 ml Gemüsefond
½ TL Curry
2 EL Margarine
1 Frühlingszwiebel

Für die BBQ-Sauce:
1 EL Rapsöl
1 Knoblauchzehe
2 Schalotten
3 EL Agavendicksaft
1 EL Tomatenmark
1 TL Aceto balsamico
100 ml Johannisbeer-
 saft
50 ml Wasser
1 TL Cayennepfeffer
1 Prise Rauchsalz

Für die Gemüsespieße:
2 Paprikaschoten
1 Zucchini
4 Schalotten
100 g Räuchertofu
4 Cocktailtomaten
6 EL Sonnenblumenöl
½ Knoblauchzehe
3 Prisen Zitronen-
 pfeffer
1 Prise Rauchsalz
2 Prisen Cayenne-
 pfeffer
2 Zweige Thymian
4 Rosmarinnadeln
Salz und Pfeffer

Für den Hirsesalat die Schalotte sowie die Karotte schälen und anschließend in feine Würfel schneiden. Das Öl in einem Topf erhitzen und die Karotten- und Schalottenwürfel darin glasig dünsten. Die Chilischote entkernen, in feine Streifen schneiden und zusammen mit der Hirse in den Topf geben. Für 1 weitere Minute anschwitzen und mit dem Gemüsefond ablöschen. Alles aufkochen, mit Salz, Pfeffer und Curry würzen, vom Herd nehmen und zugedeckt 10 Minuten ziehen lassen. Anschließend die Margarine vorsichtig unter den Salat heben und diesen dabei auflockern. Die Frühlingszwiebel putzen, in Ringe schneiden und über den kalten Salat streuen.

Für die BBQ-Sauce das Rapsöl in einem Topf erhitzen. Die Knoblauchzehe und Schalotten schälen, in feine Würfel schneiden und darin glasig dünsten. Den Agavendicksaft und das Tomatenmark dazugeben, für 2 Minuten anschwitzen und anschließend alles mit Balsamico, Johannisbeersaft und Wasser ablöschen. Mit dem Cayennepfeffer, den Salzen und dem Pfeffer abschmecken und kalt stellen.

Für die Spieße die Paprikaschoten waschen, entkernen und in etwa 2 x 2 Zentimeter große Stücke schneiden. Die Zucchini waschen, die Enden abschneiden und der Länge nach vierteln. Anschließend das weiche Innere der Zucchini entfernen und das verbleibende Äußere ebenfalls in 2 Zentimeter große Stücke schneiden. Die Schalotten schälen und in dicke Scheiben, etwa gleich stark wie das restliche Gemüse, schneiden. Den Räuchertofu trockentupfen und ebenfalls in 2 Zentimeter dicke Stücke schneiden. Das Gemüse mit dem Tofu abwechselnd nacheinander auf mit Wasser befeuchtete Spieße stecken, jeweils mit 1 Cocktailtomate abschließen.

Das Sonnenblumenöl, die geschälte Knoblauchzehe und die restlichen Gewürze in einem Mörser zu einer Marinade verarbeiten und gegebenenfalls noch einmal mit Salz abschmecken. Die Gemüsespieße mit der Marinade bepinseln und anschließend auf einem Grill oder in einer Pfanne anbraten. Zusammen mit dem Hirsesalat und der Sauce servieren.

feurige schokomousse an sauerkirschkompott

4 Portionen

100 g Sauerkirschen
25 g Rohrohrzucker
25 ml Wasser
¼ Chilischote (je nach Geschmack)
2 EL Kokosöl
50 ml Sojasahne
125 g Kuvertüre
200 ml aufschlagbare Sojasahne (gekühlt)

Die Sauerkirschen gründlich waschen, halbieren und die Kerne entfernen. In einem Topf den Rohrohrzucker mit dem Wasser aufkochen und die Sauerkirschen dazugeben. Die Kirschen für 3–5 Minuten köcheln lassen und anschließend abkühlen lassen.

Die Chilischote von den Kernen befreien und in sehr feine Würfel schneiden. Das Kokosöl in einem kleinen Topf erhitzen und die Chiliwürfel darin anschwitzen. Die Sojasahne dazugeben und alles auf 35–37 °C erhitzen.

Die Kuvertüre mit einem Messer zerkleinern und in einer Schüssel über einem Wasserbad vorsichtig schmelzen lassen.

Die aufschlagbare Sojasahne in einer Küchenmaschine steif schlagen. Die warme Chili-Sojasahne durch ein Sieb gießen und anschließend mit einem Schneebesen langsam in die geschmolzene Kuvertüre geben. Die Chili-Kuvertüre vorsichtig unter die steif geschlagene Sahne heben und dann im Kühlschrank für ca. 2 Stunden kalt stellen, bis die Schokolade ausgehärtet ist.

Mein Tipp: Kuvertüre sollte nicht über 38 °C erwärmt werden, damit sie ihren Glanz und den Schmelz auf der Zunge behält. Am einfachsten lässt sich dies bewerkstelligen, wenn nur zwei Drittel der Kuvertüre im Wasserbad geschmolzen werden. Sobald diese flüssig ist, vom Wasserbad nehmen, dann mit einem Löffel das restliche Drittel der Kuvertüre unterrühren und so lange rühren, bis alle Stücke geschmolzen sind.

erdbeertiramisu

8 Portionen à 225 ml

Für den Biskuitteig:
1 Vanilleschote
35 g Rohrohrzucker
50 ml Wasser mit
　Kohlensäure
2 EL neutrales Rapsöl
¾ TL Backpulver
50 g Weizenmehl

Für die Erdbeercreme:
1 Vanilleschote
200 ml Sojamilch
2 EL Rohrohrzucker
2 TL Vanille-
　puddingpulver
160 g Erdbeeren
Zucker
160 ml aufschlagbare
　Sojasahne

Für das Tiramisu:
75 g Erbeeren
15 ml Agavendicksaft
Erbeercreme
Biskuitteig
Espresso (kalt, ge-
　süßt) zum Tränken

Vanilleschote längs halbieren und das Mark herauskratzen. Dann für den Biskuitteig alle Zutaten bis auf das Mehl in einer Küchenmaschine oder mit einem Handrührgerät verrühren und anschließend das Mehl mit einem Rührlöffel unterheben. Im Ofen bei 165 °C auf mittlerer Schiene 15–20 Minuten goldgelb backen.

Für die Erdbeercreme Vanilleschote längs halbieren, das Mark herauskratzen und mit drei Vierteln der Milch und dem Zucker aufkochen. Das Puddingpulver mit der restlichen Milch verrühren und unter ständigem Rühren in die kochende Milch geben. 1 Minute köcheln lassen, dann vom Herd nehmen und beim Abkühlen ab und zu durchrühren.

Die Erdbeeren mit etwas Zucker pürieren und anschließend durch ein feines Sieb streichen. Die Sojasahne aufschlagen.

Das Erdbeermus unter den kalten Pudding mischen und alles vorsichtig unter die aufgeschlagene Sahne heben.

Für das Tiramisu die Erdbeeren waschen, putzen, in Viertel schneiden und den Agavendicksaft darübergeben. Etwas Erdbeercreme in ein Glas füllen, den Biskuit in passenden Stücken darauflegen und mit Espresso tränken. Mit Erbeercreme abschließen und vor dem Servieren die marinierten Erdbeeren daraufgeben.

zitronencreme

1 Biozitrone
50 g Zucker
50 ml Wasser
1 g Agar-Agar
150 g aufschlagbare Sojasahne (gekühlt)
1 Platte TK-Blätterteig
Mehl für die Arbeitsfläche

Die Zitrone waschen und trockentupfen. Von der Zitrone die Schale fein abreiben und anschließend den Saft auspressen. Die abgeriebene Zitronenschale mit Zucker und Wasser in einem Topf aufkochen.

Das Agar-Agar in den Zitronensaft einrühren und anschließend unter ständigem Rühren in den Topf geben. Alles mindestens 1 Minute köcheln und dann auf ca. 40 °C abkühlen lassen.

Die Sojasahne aufschlagen und die abgekühlte Zitronenmasse vorsichtig unterheben. Die Creme für ca. 2 Stunden kühl stellen.

In der Zwischenzeit den Backofen auf 180 °C vorheizen. Den aufgetauten Blätterteig auf einer bemehlten Arbeitsfläche hauchdünn ausrollen und in gleich große Vierecke schneiden. Die Blätterteig-Vierecke auf einem Blech mit Backpapier auslegen und mit Backpapier abdecken. Ein weiteres Blech zum Beschweren darauflegen und so im Backofen für 15–17 Minuten auf mittlerer Schiene goldbraun backen. Anschließend auskühlen lassen.

Nun die Creme mit den Blätterteigplättchen auf Tellern anrichten und servieren.

Mein Tipp: *Dazu passen frische Früchte und Schokospäne.*

quarkkeulchen mit stachelbeerkompott

4 Portionen

Für den Teig:
500 g Sojajoghurt
1 kg Kartoffeln
250 g Mehl
1 gestrichener TL Backpulver
2 gehäufte EL Rohrohrzucker
1 Prise Salz
Öl zum Ausbacken

Für das Kompott:
100 ml Wasser
100 g Rohrohrzucker
½ Zimtstange
1 Sternanis
500 g Stachelbeeren

Den Sojajoghurt in ein Käsetuch stürzen (man kann auch ein Sieb mit einem feinen Küchenhandtuch auskleiden) und im Kühlschrank über Nacht abtropfen lassen.

Am nächsten Tag die Kartoffeln schälen und in ungesalzenem Wasser weich kochen. In der Zwischenzeit die restlichen Zutaten (bis auf das Öl zum Ausbacken) in eine Schüssel geben und verrühren. Die heißen Kartoffeln durch eine Kartoffelpresse drücken und sofort mit den anderen Zutaten vermengen.

So viel Öl in eine Pfanne geben, dass der Boden reichlich bedeckt ist. Aus dem Teig pufferartige Fladen formen und im heißen Öl ausbacken.

Für das Kompott das Wasser mit Zucker, Zimt und Anis aufkochen und leicht einköcheln lassen, bis es große Blasen wirft.

Die gewaschenen Stachelbeeren zum Zuckerwasser geben und für 2–4 Minuten bei schwacher Hitze köcheln lassen. Das Kompott noch warm zu den Quarkkeulchen servieren.

Mein Tipp: *Dazu passen frische Früchte und Schokospäne.*

herbst

berliner mini-buletten
auf gerösteten äpfeln und zwiebeln

4 Portionen

Für die Buletten:
100 ml Gemüsefond
100 g Sojagranulat
½ Zwiebel
45 g Seitanpulver
20 g Mehl
20 g Paniermehl
20 ml Sojasahne
20 ml Rapsöl
2 EL Senf
2 EL Tomatenmark
4 Stängel krause Petersilie
Salz
Pfeffer
6 EL Rapsöl zum Braten

Außerdem:
1 Zitrone
4 Äpfel (z.B. Boskop)
2 Zwiebeln
2 EL Rapsöl

Den Gemüsefond aufkochen und über das Sojagranulat geben. Dieses durchrühren, andrücken und für 10 Minuten quellen lassen.

Die Zwiebel schälen und in ganz feine Würfel schneiden. Sobald das Granulat abgekühlt ist, die restlichen Zutaten für die Buletten in einer Schüssel vermischen und mit Salz und Pfeffer abschmecken.

Die Zitrone auspressen, mit etwas Wasser in eine Schale geben und mit dem Saft der Zitrone mischen. Das Kerngehäuse der Äpfel mit einem Ausstecher entfernen, die Äpfel in Scheiben schneiden und anschließend halbieren. Die Zwiebeln schälen und in grobe Ringe schneiden.

Die Granulatmasse mit angefeuchteten Händen zu Buletten formen und bei mittlerer Hitze in einer Pfanne mit dem Rapsöl goldbraun braten. Anschließend im auf 160 °C vorgeheizten Backofen auf mittlerer Schiene für 5 Minuten backen.

In einer Pfanne die 2 Esslöffel Rapsöl stark erhitzen und die Zwiebelringe sowie die Apfelscheiben braun rösten. Mit Salz und Pfeffer würzen und mit den Buletten servieren.

petersilienessenz mit grießklößchen

6 Portionen

**Für die Grieß-
klößchen:**
250 ml Sojamilch
 (ungesüßt)
30 g Margarine
Salz
Muskat
100 g Grieß
1 EL Mehl

**Für die Petersilien-
essenz:**
500 g Petersilien-
 wurzeln
1 l Gemüsefond
1 Bund glatte
 Petersilie
Salz
Pfeffer

Für die Grießklößchen die Sojamilch mit der Margarine aufkochen und mit Salz und Muskat abschmecken. Anschließend den Grieß unter ständigem Rühren langsam einrieseln und erkalten lassen. Das Mehl unterrühren und dann mit 2 Löffeln kleine Nocken aus der Masse ausstechen.

Die Petersilienwurzeln putzen, in Würfel schneiden und mit dem Gemüsefond in einem Topf kurz aufkochen. Anschließend den Fond zugedeckt 1 Stunde auf kleiner Flamme leicht simmern lassen.

Die Petersilie waschen, trockentupfen, grob hacken und zusammen mit den Grießklößchen im Topf 20 Minuten köcheln lassen. Anschließend die Nocken aus dem Topf nehmen und die Essenz vorsichtig durch ein feines Sieb abgießen.

Die Essenz mit Salz und etwas Pfeffer abschmecken und heiß mit den Klößchen servieren.

kichererbsen-walnuss-burger
mit senf-sahne-creme und rotkohl-sesam-salat

4 Portionen

Für die Burgerbratlinge:
200 g Kichererbsen
1 Zwiebel
3 EL Walnussöl
100 g Walnüsse
75 g Seitanpulver
75 ml Sojasahne
100 g Semmelbrösel
½ Bund Petersilie
1 EL Curry
Salz
Pfeffer
4 EL Rapsöl zum Braten

Für den Rotkohlsalat:
¼ Kopf Rotkohl
2 EL Olivenöl
2 EL Aceto balsamico bianco
Salz
1 Schalotte
1 EL Tahina
½ Zitrone
1 Prise Zucker
1 EL Sesam
Pfeffer

Für die Senf-Sahne-Creme:
6 EL Dijonsenf
4 EL Sojasahne
Salz
Pfeffer

4 Burgerbrötchen
¼ Kopf Blattsalat
3 Tomaten

Kichererbsen über Nacht einweichen, am nächsten Tag ca. 30 Minuten köcheln und abgießen. Die Kichererbsen durch einen groben Fleischwolf drehen oder mit einer Gabel grob zerdrücken.

Die Zwiebel schälen und in feine Würfel schneiden. Das Walnussöl in einer Pfanne erhitzen und die Zwiebelwürfel darin glasig dünsten. Die Walnusskerne grob hacken, zu den Zwiebelwürfeln geben, 2 Minuten mit anschwitzen und unter die Kichererbsen mischen. Seitanpulver, Sojasahne, Semmelbrösel, gehackte Petersilie und Currypulver unter die Kichererbsenmasse kneten. Mit Salz und Pfeffer abschmecken.

Für den Rotkohlsalat den Rotkohl sehr dünn hobeln und mit Öl, Balsamico und Salz marinieren. Die Schalotte häuten, in sehr feine Scheiben schneiden und zum Salat geben. Das Tahina mit dem Saft der Zitrone, Zucker und Sesam zu einer Marinade verrühren und unter den Salat heben. Mit Salz und Pfeffer abschmecken.

Für die Senf-Sahne-Creme die Zutaten mischen und mit Salz und Pfeffer abschmecken.

Aus der Kichererbsenmasse mit nassen Händen Bratlinge formen und in einer Pfanne mit dem Öl braten. Die Burgerbrötchen halbieren und toasten. Salat und Tomaten waschen, den Salat in mundgerechte Stücke zupfen, die Tomaten in Scheiben schneiden. Die Burgerbrötchen mit der Senf-Sahne-Creme bestreichen, den Salat, die Tomaten und je einen Bratling darauflegen und noch heiß mit dem Rotkohlsalat servieren.

rote-bete-lauch-salat
mit kapern-senf-dressing

4 Portionen

3 Knollen Rote Bete
1 Prise Kümmel
Salz
2 Stangen Lauch
8 EL Olivenöl
4 EL Sojamilch (ungesüßt)
1 TL Zucker
1 EL Senf
1 TL Kapern
1 Msp. Cayennepfeffer
Salz
Pfeffer

Die Rote Bete mit Kümmel und Salz in Alufolie einwickeln und im auf 200 °C vorgeheizten Backofen für 50–60 Minuten backen. Die Rote Bete abkühlen lassen, schälen und anschließend in feine Streifen hobeln. Die Lauchstangen längs durchschneiden, waschen und in feine Streifen schneiden.

Für die Vinaigrette das Olivenöl mit Sojamilch, Zucker, Senf und Kapern sowie Cayennepfeffer verrühren und mit Salz und Pfeffer abschmecken. Rote Bete und Lauch in eine Schüssel geben und die Vinaigrette unterheben.

Mein Tipp: *Das Backen im Ofen bewahrt die kräftige Farbe der Roten Bete und lässt sie im eigenen Saft garen.*

flammkuchen

1 Backblech

100 ml Wasser
½ Würfel Hefe
1 TL Zucker
200 g Weizenmehl
1 EL Olivenöl
100 g Sojajoghurt
1 TL Speisestärke
Salz
Cayennepfeffer
2 Zwiebeln
100 g Räuchertofu
1 EL Rapsöl
1 EL Tamari-Sojasauce
1 Frühlingszwiebel

Das Wasser auf maximal 45 °C erwärmen, mit der Hefe und dem Zucker in einer Schüssel vermischen und 5 Minuten ruhen lassen. Das Mehl und das Öl dazugeben und zu einem geschmeidigen Teig verarbeiten. Den Teig zudecken und an einem warmen Ort für mindestens 30 Minuten gehen lassen.

Den Sojajoghurt mit der Speisestärke vermischen und mit Salz und Cayennepfeffer abschmecken.

Die Zwiebeln häuten und in grobe Scheiben schneiden. Den Räuchertofu trockentupfen, in feine Streifen schneiden und gemeinsam mit den Zwiebelscheiben in einer heißen Pfanne mit dem Rapsöl anbraten. Sobald der Tofu Farbe bekommt, mit der Tamari-Sojasauce ablöschen und den Herd ausschalten.

Den Ofen auf 220 °C vorheizen. Den Teig auf einer bemehlten Arbeitsfläche mit einem Nudelholz dünn ausrollen und auf ein mit Backpapier ausgelegtes Blech legen. Den Joghurt und anschließend die gebratenen Zwiebelscheiben und Tofustreifen darauf verteilen.

Den Flammkuchen für 12–15 Minuten auf mittlerer Schiene im Backofen knusprig backen. Die Frühlingszwiebel putzen, in feine Ringe schneiden und vor dem Servieren über den heißen Flammkuchen streuen.

kartoffel-waldpilz-strudel im gemüsereigen

4 Portionen

Für den Filoteig:
400 g Mehl
3 EL Olivenöl
80 ml warmes Wasser

Für die Füllung:
1 Zwiebel
100 g Steinpilze
300 g Pfifferlinge
500 g Kartoffeln
3 EL Rapsöl
2 Zweige Thymian
1 Knoblauchzehe
75 ml Weißwein
150 ml Sojasahne
1 Zweig Rosmarin
Salz
Pfeffer
2 EL Rapsöl zum Bepinseln

Für den Gemüsereigen:
2 Paprikaschoten
1 Zucchini
1 Aubergine
½ Zitrone
Öl zum Braten
3 Zweige Thymian
Salz
Pfeffer

Für den Filoteig das Mehl mit dem Olivenöl und dem Wasser mindestens 10 Minuten zu einem kompakten Teig verkneten. Den Teig in einer abgedeckten Schüssel an einem warmen Ort für ca. 15 Minuten ruhen lassen.

In der Zwischenzeit die Zwiebel häuten und in feine Würfel schneiden. Die Pilze putzen und in grobe Stücke schneiden. Die Kartoffeln schälen und in feine Würfel schneiden. Das Öl in einer Pfanne stark erhitzen und die Pilzstücke scharf anbraten. Sobald diese Farbe bekommen haben, die Zwiebelwürfel, den Thymian und die angedrückte Knoblauchzehe dazugeben, kurz anschwitzen und mit dem Weißwein und der Sojasahne ablöschen. Kartoffelwürfel und Rosmarin dazugeben, mit Salz und Pfeffer würzen und für 10 Minuten einköcheln lassen. Rosmarin, Thymian und Knoblauch entfernen und die Füllmasse abkühlen lassen.

Den Teig in 4 oder 8 gleich große Teile schneiden und diese auf einem bemehlten Küchenhandtuch mit einem Nudelholz hauchdünn ausrollen. Die Füllung darin einschlagen, auf ein mit Backpapier ausgelegtes Blech setzen und mit dem Öl einpinseln. Den Ofen auf 165 °C vorheizen und die Strudel auf mittlerer Schiene für 25–30 Minuten goldbraun backen.

In der Zwischenzeit die Paprikaschoten entkernen und in grobe Stücke schneiden. Die Zucchini und die Aubergine der Länge nach vierteln, das weiche Innere entfernen und den Rest in grobe Stücke schneiden. Anschließend mit dem Saft der Zitrone beträufeln.

Etwas Öl in einer Pfanne erhitzen und zuerst die Aubergine, dann die Zucchini und die Paprika darin scharf anbraten. Mit Thymian, Salz und Pfeffer abschmecken und zusammen mit dem Strudel auf Tellern anrichten.

steinpilz-risotto
mit sautiertem spinat und rotwein-schalotten

4 Portionen

Für die Sauce:
1 Zwiebel
½ Karotte
½ Stange Lauch
20 g Knollensellerie
2 EL Rapsöl
1 TL Tomatenmark
200 ml Rotwein
200 ml Gemüsefond
Lorbeerblatt
Piment
Salz
8 Schalotten
2 EL Rapsöl zum Benetzen

Für den Risotto:
300 g Steinpilze
1 Zwiebel
1 Knoblauchzehe
2 EL Olivenöl
Salz
Pfeffer
220 g Risottoreis
150 ml Weißwein
800 ml Gemüsefond
75 ml Sojasahne

Außerdem:
400 g Spinat
1 Schalotte
2 EL Öl
Muskat
Salz
Pfeffer

Für die Sauce die Zwiebel schälen und grob würfeln. Die Karotte, den Lauch und den Sellerie putzen, in grobe Stücke schneiden und mit dem Öl in einen heißen Topf geben. Das Gemüse rösten, bis es eine dunkelbraune (nicht schwarze!) Farbe annimmt. Nun die Temperatur etwas verringern, das Tomatenmark dazugeben und für ca. 3 Minuten rösten. Mit einem Viertel des Rotweins ablöschen und einkochen lassen. Dies ein weiteres Mal wiederholen und anschließend mit dem restlichen Rotwein und dem Gemüsefond aufgießen. Lorbeer und Piment dazugeben und so lange einkochen, bis die gewünschte Konsistenz und ein kräftiger Geschmack erreicht sind. Die Sauce danach durch ein Sieb passieren und mit Salz abschmecken.

Die Schalotten häuten, mit Öl benetzen, mit etwas Salz bestreuen und in einem auf 160 °C vorgeheizten Backofen für 10–12 Minuten backen. Anschließend in die dunkle Sauce geben und einmal aufkochen.

Für den Risotto die Steinpilze putzen und in grobe Stücke schneiden. Die Zwiebel schälen und in feine Würfel schneiden. Die Knoblauchzehe leicht mit einem Messer andrücken. Die Pilze in einem Topf mit dem Olivenöl und dem Knoblauch scharf anbraten. Die Zwiebeln dazugeben, darin glasig dünsten und mit Salz und Pfeffer würzen. Die Hälfte der Pilze zur Seite legen. Anschließend den Risottoreis in den Topf geben und mit anschwitzen. Der Reis darf keine Farbe bekommen. Alles mit Weißwein ablöschen und unter ständigem Rühren einkochen lassen. Nach und nach den Gemüsefond dazugeben. Je häufiger der Risotto umgerührt wird, desto besser wird das Ergebnis. Immer wieder Gemüsefond zugeben, bis der Reis den richtigen Biss hat. Die Sojasahne hinzufügen und mit Salz und Pfeffer abschmecken.

Den Spinat waschen, die Schalotte häuten und fein würfeln. In einer Pfanne das Öl erhitzen, die Schalotte darin glasig schwitzen, den Spinat dazugeben und dünsten, bis er zusammenfällt. Mit Muskat, Salz und Pfeffer abschmecken.

Den Reis, die Pilze und den Spinat auf Tellern anrichten. Zum Schluss die Rotwein-Schalotten-Sauce darauf verteilen.

birnenpastete mit fruchtrelish

4 Portionen

Für die Pastete:
400 g Tofu
Salz
Cayennepfeffer
100 g Räuchertofu
1 Zwiebel
Öl zum Braten
2 Birnen
2 EL Walnüsse
Pfeffer
2 Platten TK-Blätterteig

Für das Relish:
2 Birnen
½ Zwiebel
½ Bioorange
1 TL Rohrohrzucker
50 ml Weißwein
1 Samenkapsel Kardamom (grün)
1 Lorbeerblatt
3 Nelken
Salz
Pfeffer

Den Tofu trockentupfen und in einem Mixer oder einer Küchenmaschine sehr fein pürieren. Mit Salz und Cayennepfeffer kräftig würzen. Den Räuchertofu trockentupfen und in sehr feine Würfel oder Streifen schneiden. Die Zwiebel schälen und ebenfalls in feine Würfel schneiden. In einer Pfanne etwas Öl erhitzen und den Räuchertofu mit den Zwiebeln anschwitzen. Sobald die Zwiebeln glasig sind, die Pfanne vom Herd nehmen, abkühlen lassen und zum pürierten Tofu geben. Die Birnen schälen, entkernen, in feine Würfel schneiden und ebenfalls mit dem Tofu vermischen. Die Walnusskerne grob zerstoßen, in einer heißen Pfanne ohne Fett kurz rösten, zum Tofu geben und alles mischen. Mit Salz und Pfeffer abschmecken.

Den Backofen auf 175 °C vorheizen. Den Blätterteig auftauen lassen, ausrollen und in eine Kastenform legen. Die Tofu-Birnen-Walnussmischung in die mit Blätterteig ausgelegte Form streichen, den Blätterteig darüber zuklappen und auf mittlerer Schiene für 15–17 Minuten backen. Der Blätterteig sollte goldbraun sein.

Für das Relish die Birnen schälen, die Zwiebel schälen und beides in feine Würfel schneiden. Die Schale der Orangenhälfte abreiben und die halbe Orange auspressen. In einem Topf den Zucker karamellisieren lassen, die Zwiebel- und Birnenwürfel und den Abrieb der Orange dazugeben und anschwitzen. Sobald die Zwiebeln glasig sind, mit Weißwein und dem Saft der Orange ablöschen. Kardamomkapsel, Lorbeerblatt und Nelken dazugeben und alles einköcheln lassen, bis die gewünschte Konsistenz erreicht ist. Mit etwas Salz und Pfeffer abschmecken. Kardamom, Lorbeer und Nelken entfernen und das Relish zur Pastete reichen.

Mein Tipp: Die Pastete sollte etwas abkühlen, bevor sie angeschnitten wird, damit das Eiweiß Zeit hat, zu stocken.

seitanröllchen
mit rosmarinrosenkohl und kartoffelklößen auf preiselbeersauce

4 Portionen

Für die Kartoffelklöße:
1 kg Kartoffeln (festkochend)
65 g Weizenmehl
140 g Kartoffelstärke
Salz
2 Scheiben Toastbrot
2 EL Rapsöl
2 EL Albaöl

Für die Röllchen:
100 g braune Linsen
40 g Sonnenblumenkerne
1 Zwiebel
4 EL Rapsöl
Salz und Pfeffer
½ TL Majoran
1 EL Tamari-Sojasauce
1 EL Hefeflocken
8 Scheiben geräucherter Seitan

Für die Preiselbeersauce:
Zucker
200 ml Rotwein
½ Bioorange
200 g frische Preiselbeeren
1 Zimtstange
2 Nelken
Salz und Pfeffer

Für den Rosenkohl:
500 g Rosenkohl
½ Zweig Rosmarin
1 EL Rapsöl
2 Zweige Thymian

Für die Kartoffelklöße am Vorabend die Kartoffeln schälen und weich kochen. Am nächsten Tag durch eine Kartoffelpresse drücken. Anschließend mit dem Mehl und 100 Gramm der Kartoffelstärke vermischen, mit Salz abschmecken.

Das Toastbrot entrinden und in kleine Würfel schneiden. Rapsöl und Albaöl in einer Pfanne erhitzen und die Toastwürfel darin knusprig rösten. Etwas Teig mit feuchten Händen abnehmen, die gerösteten Würfel in die Mitte drücken und einen Kloß darum formen. Die Prozedur wiederholen, bis Toastwürfel und Kloßmasse aufgebraucht sind. Die restliche Kartoffelstärke und ausreichend Salz in kaltes Wasser rühren und dieses zum Kochen bringen. Die Klöße darin bei geringer Hitzezufuhr für 20–25 Minuten ziehen lassen.

Für die Seitanröllchen die Linsen weich kochen, abgießen und abkühlen lassen. Die Sonnenblumenkerne in einer Pfanne ohne Fett anrösten und zur Seite stellen. Die Zwiebel schälen, in feine Würfel schneiden und diese mit dem Öl in einer Pfanne anschwitzen, bis sie Farbe bekommen. Mit etwas Salz und Majoran würzen und zum Schluss mit der Tamari-Sojasauce ablöschen. Abkühlen lassen und anschließend in einer Küchenmaschine oder mit einem Stabmixer zu einer homogenen Masse zerkleinern. Mit Hefeflocken, Salz und Pfeffer abschmecken. Die Seitanscheiben mit der Masse bestreichen, einrollen und vor dem Servieren in einer Grillpfanne anbraten.

Für die Sauce etwas Zucker in einem Topf karamellisieren lassen und anschließend mit dem Wein aufgießen. Die Orangenschale mit einem scharfen Messer von der Frucht trennen und ohne das Weiße mit den frischen Preiselbeeren, Zimt und Nelken in den Topf geben. Alles aufkochen und für 15–20 Minuten bei starker Hitze kochen lassen. Den Zimt, die Orangenschalen und Nelken entfernen und mit Salz, Pfeffer und Zucker abschmecken.

Den Rosenkohl putzen und den Stiel über Kreuz einritzen. In einem Topf Salzwasser zum Kochen bringen. Den Rosenkohl zusammen mit dem Rosmarin für 12–15 Minuten weich kochen und anschließend im Eiswasser abschrecken. In einer Pfanne das Öl erhitzen und den Rosenkohl zusammen mit dem Thymian anschwitzen.

Alles auf Tellern anrichten und heiß servieren.

mangold-kartoffel-auflauf

4 Portionen

1 kg Kartoffeln (festkochend)
Salz
1 kg Mangold
1 Zwiebel
60 ml Rapsöl
20 ml Albaöl
Muskat
1 Zweig Thymian
Pfeffer
60 g Weizenmehl (Typ 550)
800 ml Sojamilch (ungesüßt)
100 g Sojakäse

Die Kartoffeln in genügend Salzwasser 20–25 Minuten kochen lassen. Anschließend abgießen, ausdämpfen, die Schale abziehen und abkühlen lassen.

Den Mangold waschen, in Salzwasser kurz blanchieren und in Eiswasser abschrecken. Die Blätter in grobe Streifen und die Stiele in feine Streifen schneiden. Die Zwiebel schälen und in feine Würfel schneiden. Das Rapsöl mit dem Albaöl mischen und 2 Esslöffel davon in einer Pfanne erhitzen. Die Zwiebelwürfel mit den Mangoldstielen anschwitzen, bis diese glasig sind. Anschließend die Mangoldblätter dazugeben, andünsten und mit Muskat, Thymian, Salz und Pfeffer würzen.

Das restliche Öl in einem Topf erhitzen und das Mehl darin kurz anschwitzen. Unter ständigem Rühren mit einem Schneebesen die Sojamilch dazugeben und einmal aufkochen lassen. Mit Salz und Pfeffer abschmecken.

Den Backofen auf 190 °C vorheizen. Die Kartoffeln in Scheiben schneiden und anschließend abwechselnd mit dem Mangold in eine eingefettete Auflaufform schichten. Zum Schluss die Sauce dazugeben und mit Sojakäse bestreuen. Den Auflauf für 40 Minuten auf mittlerer Schiene backen.

gegrillter hokkaido
mit drillingen und rotwein-schoko-sauce

4 Portionen

Für die Sauce:
1 Zwiebel
½ Karotte
½ Stange Lauch
20 g Knollensellerie
2 EL Rapsöl
1 TL Tomatenmark
200 ml Rotwein
200 ml Gemüsefond
Lorbeerblatt
Piment
30 g Zartbitter-
 kuvertüre
Salz
Pfeffer
Rohrohrzucker

Außerdem:
1 kg Kartoffeln
 (Drillinge)
1,5 kg Hokkaido-
 Kürbis
½ Stange Zitronen-
 gras
4 EL Sesamöl
 (nicht geröstet)
½ TL Koriander
½ TL Fenchelsamen
½ TL Cayennepfeffer
½ TL Oregano
Salz

Für die Sauce die Zwiebel schälen und grob würfeln. Die Karotte, den Lauch und den Sellerie putzen, in grobe Stücke schneiden und mit dem Öl in einen heißen Topf geben. Das Gemüse rösten, bis es eine dunkelbraune (nicht schwarze!) Farbe annimmt. Nun die Temperatur etwas verringern, das Tomatenmark dazugeben und für ca. 3 Minuten rösten. Mit einem Viertel des Rotweins ablöschen und einkochen lassen. Dies ein weiteres Mal wiederholen und anschließend mit dem restlichen Rotwein und Gemüsefond aufgießen. Lorbeer und Piment dazugeben und die Sauce für 30 Minuten einkochen lassen.

In einem Topf Salzwasser zum Kochen bringen und die Drillinge darin weich kochen. In der Zwischenzeit den Kürbis waschen, halbieren, mit einem Löffel entkernen und in Spalten schneiden.

Den Backofen auf 180 °C vorheizen und die Kürbisspalten auf einem Backblech auslegen. Das Zitronengras zusammen mit dem Öl in einem Mörser zerstoßen, damit die ätherischen Öle freigesetzt werden. Das Öl anschließend durch ein feines Sieb gießen, um das Zitronengras zu entfernen, und mit Koriander, Fenchelsamen, Cayennepfeffer und Oregano zu einer Marinade verarbeiten. Mit Salz abschmecken und die Kürbisspalten damit bepinseln. Für 20–25 Minuten auf mittlerer Schiene backen.

Die Sauce durch ein feines Sieb passieren und wieder auf den Herd stellen. Nun die gehackte Kuvertüre dazugeben und mit Salz, Pfeffer und etwas Zucker abschmecken.

Alles auf Tellern anrichten und noch heiß servieren.

Mein Tipp: *Wenn man den Rotwein mehrmals reduzieren lässt, verbessert sich der Geschmack. Außerdem wird die Farbe kräftiger und die Sauce glänzender.*

pfirsichtartes
mit walnusscreme

6 Portionen

Für die Pfirsiche:
6 Pfirsiche
50 g Zucker
50 ml Wasser

Für den Teig:
175 g Mehl
50 g Zucker
120 g Alsan (vegane Butter)
½ TL Backpulver

Für die Creme:
125 ml Sojamilch
2 EL Zucker
1 EL Speisestärke
100 g gemahlene Walnüsse
75 g zimmerwarme Alsan (vegane Butter)

Die Pfirsiche einritzen, mit kochendem Wasser überbrühen, häuten, halbieren, entkernen und anschließend in feine Filets schneiden. Zucker mit dem Wasser aufkochen, vom Herd nehmen, die Pfirsichfilets in das Zuckerwasser geben und darin gar ziehen lassen.

Die Zutaten für den Teig verrühren, auf 6 kleine Backförmchen verteilen und für 10 Minuten bei 200 °C auf mittlerer Schiene blind ausbacken.

Für die Creme 100 Milliliter Sojamilch mit dem Zucker aufkochen. Die restliche Sojamilch mit der Stärke verrühren und unter ständigem Rühren zur kochenden Milch geben. 1 Minute köcheln lassen und anschließend die gemahlenen Walnüsse unterrühren.

In einer Küchenmaschine oder mit einem Handrührgerät die Alsan schaumig schlagen und die Crememasse, sobald diese erkaltet ist, unterheben.

Die abgekühlten Böden aus den Formen nehmen und die Creme auf den Kuchenböden verteilen. Abschließend mit den abgetropften Pfirsichfilets belegen und dekorieren.

__Mein Tipp:__ Zum Blindbacken den Teig in den Formen mit einer Gabel mehrfach durchstechen, ein Stück Backpapier auf den Teig legen und Hülsenfrüchte zum Beschweren darauf verteilen. Dadurch bleibt der Boden schön flach und der Rand wird stabilisiert. Nach dem Backen Hülsenfrüchte und Backpapier entfernen und wie im Rezept beschrieben weiter verfahren.

gedeckter apfelkuchen
mit maronen-orangen-sauce

Springform
(⌀ 26 cm)

Für den Kuchen:
525 g Mehl
275 g Alsan (vegane Butter)
120 g Rohrohrzucker
1 TL Backpulver
1 Prise Salz
½ Zitrone
1 kg Äpfel
Zucker
¼ TL Zimt
1 EL Rum

Für die Maronen-Orangen-Sauce:
6 Maronen
1 Saftorange (unbehandelt)
50 ml Wasser
50 g Rohrohrzucker
½ Zimtstange

Für den Kuchen einen Mürbeteig aus Mehl, Alsan, Zucker, Backpulver und Salz herstellen und für 45 Minuten in Frischhaltefolie gewickelt in den Kühlschrank legen. Die Zitrone in Scheiben schneiden, in einen großen Behälter geben und mit kaltem Wasser auffüllen. Die Äpfel schälen, entkernen, in Spalten schneiden und ins Zitronenwasser geben.

Die Springform einfetten. Drei Viertel des Teiges ausrollen und als Boden in die Form geben. Die Äpfel abgießen, mit etwas Zucker, Zimt und Rum mischen und auf dem Boden auslegen. Nun den restlichen Teig ausrollen und als Deckel über die Äpfel legen.

Den Kuchen bei 180 °C auf mittlerer Schiene für 40–45 Minuten backen. Anschließend nicht sofort herausnehmen, sondern weitere 10 Minuten im ausgeschalteten Ofen lassen.

Für die Maronen-Orangen-Sauce die Maronen schälen und in einer Pfanne ohne Fett leicht anrösten. Die Orange heiß waschen und trocknen, die Schale abreiben und die Orange schälen und filetieren. Das Wasser mit dem Zucker, der Zimtstange und dem Orangenabrieb zum Kochen bringen und anschließend die Orangenfilets und die klein gewürfelten Maronen dazugeben. Zimtstange entfernen, alles fein pürieren und zum Schluss durch ein feines Haarsieb streichen. Die Sauce zum Kuchen reichen.

Mein Tipp: Der Mürbeteig darf nicht zu lange geknetet werden, da er sonst zu klebrig wird. Außerdem lässt die Handwärme die Alsan weich werden, was für den mürben Effekt ebenfalls negativ ist. Das Zitronenwasser verhindert die Braunfärbung der Äpfel.

pflaumen-ingwer-mohn-parfait

4 Portionen

400 g Sojajoghurt
200 g Pflaumen
30 g Ingwer
50 g Rohrohrzucker
100 ml Sojamilch
 (ungesüßt)
Öl für die Form
Mohn zum Auskleiden
 der Form
200 g aufschlagbare
 Sojasahne
Agavendicksaft

Den Sojajoghurt in ein Käsetuch stürzen oder in ein mit einem Küchenhandtuch ausgelegtes Sieb. Das Tuch oben zusammenbinden und den Sojajoghurt beschwert über Nacht abtropfen lassen.

Am nächsten Tag die Pflaumen waschen, entkernen und in feine Stücke schneiden. Den Ingwer schälen und in feine Würfel schneiden. Den Zucker mit dem Ingwer in einem Topf karamellisieren lassen, die Temperatur verringern und anschließend die Pflaumen sowie die Sojamilch dazugeben. Alles vorsichtig auf- und einkochen lassen.

Sobald die Masse abbindet, den Topf vom Herd nehmen und auskühlen lassen. In einem hohen Gefäß die Masse mit einem Stabmixer fein pürieren und anschließend unter den abgetropften Sojajoghurt heben.

Eine Parfaitform mit Frischhaltefolie auslegen und leicht mit neutralem Öl einfetten. Den Mohn in die gefettete Form streuen und so lange in der Form kippen, bis er sich gleichmäßig verteilt hat. Den überschüssigen Mohn zurück in die Packung füllen.

Die Sojasahne aufschlagen, die Pflaumen-Ingwer-Masse vorsichtig unter die geschlagene Sahne heben und mit Agavendicksaft abschmecken. Die Masse sofort in die Form gießen und für mindestens 2 Stunden ins Gefrierfach stellen, bis sie komplett durchgefroren ist.

lavendel-heidelbeer-eis
im blätterteigmantel

4 Portionen

½ Vanilleschote
180 ml Sojasahne
40 g Rohrohrzucker
½ TL Lavendelblüten
300 g TK-Heidelbeeren
2 Platten TK-Blätterteig

Am Vortag die Vanilleschote längs halbieren, das Mark herauskratzen und mit der Sojasahne, dem Zucker und den Lavendelblüten aufkochen und anschließend abkühlen lassen.

Die tiefgefrorenen Heidelbeeren zusammen mit der erkalteten Sahne mit einem Stabmixer glatt pürieren und für 2 Stunden in das Gefrierfach geben. Mit einem Eiskugelausstecher oder einem Löffel 4 gleich große Kugeln aus der Eismasse stechen und für weitere 60 Minuten ins Gefrierfach geben.

Die Blätterteigplatten antauen lassen, in 2 Hälften teilen und je 1 Eiskugel in eine Platte einschlagen und über Nacht ins Gefrierfach legen.

Am nächsten Tag den Backofen auf 200 °C vorheizen und die gefüllten Blätterteigkugeln im Backofen auf mittlerer Schiene goldbraun backen. Sofort servieren.

apfelküchlein
mit vanille-kardamom-sauce

6 Portionen

Für die Apfelküchlein:
75 g Mehl
1 EL Rohrohrzucker
25 g gemahlene Mandeln
1 Prise Salz
20 g Alsan (vegane Butter)
100 ml Bier
½ Zitrone
4 Äpfel
Öl zum Ausbacken

Für die Sauce:
400 ml Sojamilch
1 TL Kardamomkapseln
4 EL Rohrohrzucker
½ Vanilleschote
1 EL Speisestärke

Für die Apfelküchlein Mehl, Zucker, Mandeln, Salz, Alsan und Bier zu einer leicht zähen Masse verrühren. Die Zitrone in Scheiben schneiden, in eine Schüssel geben und mit kaltem Wasser aufgießen. Die Äpfel schälen, das Kerngehäuse ausstechen, in 1 Zentimeter dicke Ringe schneiden und in das Zitronenwasser geben.

In einem Topf das Öl auf 170–175 °C erhitzen. Die Apfelringe in den Teig tauchen, kurz abtropfen lassen und in dem heißen Fett goldgelb ausbacken. Anschließend auf Küchenpapier entfetten.

Für die Sauce 300 Milliliter der Sojamilch in einem Topf mit dem Kardamom und Zucker aufkochen und für 5 Minuten leicht köcheln lassen. Den Kardamom herausnehmen. Die Vanilleschote längs halbieren, das Mark herauskratzen und in den Rest der Sojamilch zusammen mit der Stärke mixen und unter ständigem Rühren zur kochenden Sojamilch geben. Sobald die Bindung einsetzt, den Topf vom Herd nehmen und abkühlen lassen. Die Sauce zu den Apfelküchlein servieren.

Mein Tipp: Die richtige Temperatur des Fettes kann durch einen Holzlöffel ermittelt werden. Sobald dieser im Fett Blasen wirft, ist die richtige Temperatur erreicht.
Anstelle von Bier kann man auch Sojamilch im Teig verwenden. Sollte die Sauce nach dem Abkühlen zu fest sein, lässt sie sich leicht mit etwas Sojamilch verdünnen.

winter

reissalat mit sojahackbällchen

4 Portionen

**Für die Sojahack-
bällchen:**
100 g Sojagranulat
Salz
1 Zwiebel
½ Brötchen vom
 Vortag
Sojamilch (ungesüßt)
100 g Naturtofu
1 TL Tomatenmark
3 EL Rapsöl
Cayennepfeffer
Senf
Pfeffer
4 EL Rapsöl zum
 Braten

Für den Reissalat:
150 g Reis
Salz
1 Paprikaschote
1/8 Ananas
2 Schalotten
2 EL Walnussöl
50 g Cashewkerne
2 EL Tamari-Soja-
 sauce

Das Sojagranulat mit kochendem Salzwasser übergießen. Anschließend in einem Sieb abtropfen lassen, danach kräftig auspressen und in eine Schüssel geben.

Die Zwiebel schälen, in feine Würfel schneiden und in die Schüssel geben. Das Brötchen vom Vortag in etwas Sojamilch einweichen, anschließend ausdrücken und ebenfalls hinzufügen. Den Tofu mit einer Küchenmaschine oder einem Stabmixer zu einer Paste zerkleinern und mit dem Sojagranulat, den Zwiebeln, dem Brötchen, dem Tomatenmark und dem Öl zu einer Masse verarbeiten. Die Masse mit Cayennepfeffer, Senf, Salz und Pfeffer abschmecken und zu kleinen Bällchen formen.

Den Reis in reichlich Salzwasser weich kochen und anschließend kalt stellen. Die Paprikaschote waschen, vom Kerngehäuse befreien und in feine Würfel schneiden. Die Ananas schälen und in sehr feine Würfel schneiden. Die Schalotten häuten, in feine Ringe schneiden und in einer Pfanne mit dem Walnussöl und den Cashewkernen anschwitzen. Sobald die Schalotten glasig sind, die Paprika und Ananas dazugeben, durchschwenken und vom Herd nehmen. Zum Reis geben und den Salat mit Tamari-Sojasauce abschmecken.

In einer Pfanne das Rapsöl erhitzen und bei mittlerer Temperatur die Sojahackbällchen gleichmäßig anbraten. Den Salat mit den Hackbällchen anrichten und servieren.

Mein Tipp: *Dieser Salat schmeckt warm und kalt sehr gut.*

linsen-gemüse-salat mit sour cream

4 Portionen

Für den Salat:
1 Zwiebel
1 Karotte
½ Paprika
2 Stangen Sellerie
Olivenöl zum Braten
Salz
Pfeffer
½ Stängel Liebstöckel
2 Zweige Thymian
100 g braune Linsen
175 ml Gemüsefond
Kräuteressig
Zucker
4 Blätter Radicchio

Für die Sour Cream:
500 g Sojajoghurt
¼ Knoblauchzehe
1 Zwiebel
1 EL Essig
½ EL Zucker
Salz
Pfeffer

Den Sojajoghurt in ein Käsetuch oder in ein mit einem Küchenhandtuch ausgelegtes Sieb stürzen und über Nacht abtropfen lassen.

Zwiebel und Karotte schälen, Paprika und Sellerie waschen und putzen, anschließend alles in grobe Stücke schneiden. Etwas Olivenöl in einer Pfanne erhitzen und die Karottenwürfel darin 5 Minuten dünsten. Dann Zwiebel, Sellerie und Paprika dazugeben und mit Salz, Pfeffer, Liebstöckel und Thymian würzen. Nach weiteren 5 Minuten das Gemüse aus der Pfanne nehmen und kalt stellen.

In der Pfanne die Linsen anschwitzen, mit Gemüsefond aufgießen und zum Kochen bringen. Die Linsen bissfest garen und ebenfalls aus der heißen Pfanne nehmen und kalt stellen.

Für die Sour Cream den Knoblauch und die Zwiebel schälen, sehr fein würfeln und zu dem abgetropften Sojajoghurt geben. Mit den restlichen Zutaten abschmecken.

Die kalten Linsen mit Salz, Pfeffer, Essig und Zucker abschmecken und anschließend mit dem Gemüse vermischen.

Den Radicchio in feine Streifen schneiden und gemeinsam mit den Linsen auf Tellern anrichten. Die Sour Cream dazu reichen.

chicoréesalat mit meerrettichdressing

4 Portionen

2 Karotten
Saft von ½ Zitrone
2 Chicorée
1 Radicchio
8 Kräuterseitlinge
3 EL Rapsöl
1 Knoblauchzehe
Salz
Pfeffer
20 g frischer Meerrettich
4 EL Sojamilch
5 EL Rapsöl
1 TL Aceto balsamico
½ TL Agavendicksaft
1 Schälchen Kresse

Mit einem Sparschäler die Karotten zuerst schälen und anschließend mit dem Sparschäler komplett in feine Streifen hobeln. Kaltes Wasser in einer Schüssel mit dem Zitronensaft vermischen und die Karottenstreifen hineingeben.

Einen Chicorée mit einem scharfen Messer halbieren, vom Stiel befreien und in feine Streifen schneiden. Vom anderen Chicorée nach und nach die Blätter zupfen und für die Dekoration zur Seite legen. Die äußeren Blätter des Radicchios ebenfalls für die Dekoration beiseitelegen, die inneren zarten Blätter in feine Streifen schneiden und zum Chicorée geben.

4 Kräuterseitlinge in grobe Würfel schneiden, die restlichen Pilze der Länge nach vierteln. In einer Pfanne das Öl erhitzen und die Kräuterseitlingwürfel darin mit der angedrückten Knoblauchzehe anbraten. Sobald die Pilze Farbe bekommen, mit Salz und Pfeffer würzen und in einer Schüssel abkühlen lassen. Anschließend in der heißen Pfanne die Kräuterseitlingviertel anbraten und würzen.

Den Meerrettich fein reiben, mit Sojamilch, Rapsöl, Balsamico und Agavendicksaft verrühren und mit Salz und Pfeffer abschmecken. Das Dressing über den fein geschnittenen Salat gießen, die Hälfte der Kresse, die abgetropften Karottenstreifen und die gebratenen Kräuterseitlingwürfel dazugeben und vorsichtig durchmengen. Die Blätter für die Deko und die Pilzviertel auf Tellern verteilen und den Salat darauf anrichten. Mit der restlichen Kresse bestreuen und sofort servieren.

Mein Tipp: *Dieser Salat ist nicht jedermanns Geschmack, da er mit zwei eher bitteren Salatsorten angerichtet wird. Die Bitterstoffe sind allerdings sehr gesund und werden durch die Schärfe des Meerrettichs sehr angenehm ergänzt.*

teltower-rübchen-suppe
mit paprikacrackern

4 Portionen

Für die Paprikacracker:
100 g Leinsaat
100 ml Wasser
2 Paprikaschoten
50 g Mandeln (gemahlen)
2 EL Tamari-Sojasauce
Cayennepfeffer
Salz

Für die Suppe:
750 g Teltower Rübchen
3 Kartoffeln
2 Schalotten
2 EL Arganöl
Zitronenpfeffer
Salz
750 ml Wasser
weißer Pfeffer
50 ml Sojasahne

Die Leinsaat im Wasser für ca. 2 Stunden einweichen, damit diese aufquillt. In der Zwischenzeit die Paprikaschoten entkernen, in grobe Würfel schneiden und in einem Mixer oder einer Küchenmaschine mit der aufgequollenen Leinsaat, den Mandeln und der Tamari-Sojasauce fein mixen. Mit Cayennepfeffer abschmecken und bei Bedarf mit Salz würzen. Die entstandene Masse auf Backpapier streichen und im Ofen bei 80 °C für 3 Stunden trocknen lassen. Anschließend die Platten umdrehen und weitere 3 Stunden trocknen lassen, bis die Cracker knusprig sind. Bei Bedarf in Stücke brechen.

Die Rüben und Kartoffeln schälen und in Würfel schneiden. Die Schalotten schälen und in feine Würfel schneiden. Das Arganöl in einem Topf erhitzen und die Rüben- und Schalottenwürfel darin dünsten, bis die Schalotten glasig sind. Anschließend die Kartoffelwürfel dazugeben, mit etwas Zitronenpfeffer und Salz würzen und mit Wasser aufgießen. Alles aufkochen und 15–20 Minuten köcheln lassen. Die Suppe mit weißem Pfeffer und Salz abschmecken und mit der Sojasahne verfeinern. Mit den Crackern servieren.

Mein Tipp: Wer Rohkostcracker herstellen möchte, verringert die Temperatur auf 40 °C und verdoppelt die Trocknungszeit. Es ist auch ratsam, ein spezielles Thermostat für den Backofen zu kaufen, da die Öfen meist sehr unterschiedliche Temperaturen liefern. Besonders geeignet für solche Spezialitäten sind Dörrautomaten.

ingwer-tempeh
auf süßkartoffel-backpflaumen-püree und schwarzwurzel-chutney

4 Portionen

Für das Süßkartoffel-Püree:
4 Süßkartoffeln
1 Schalotte
½ Chilischote
4 EL Erdnussöl
70 g Backpflaumen
Sojamilch (ungesüßt)
Salz
Pfeffer
1 Msp. Muskat
Zimt

Für das Schwarzwurzel-Chutney:
½ Zitrone
280 g Schwarzwurzeln
Salz
1 Schalotte
2 EL Rapsöl
30 ml Weißwein
100 ml Sojasahne
Salz
weißer Pfeffer
Muskat

Für den Ingwer-Tempeh:
200 g Tempeh
1 TL Ingwer
3 EL Erdnussöl
2 EL Tamari-Sojasauce

Für das Püree die Süßkartoffeln schälen und in grobe Stücke schneiden. Einen Topf mit Wasser aufsetzen, die Süßkartoffeln darin weich kochen und anschließend in einem Sieb abtropfen lassen. Die Schalotte schälen, die Chilischote entkernen, beides in feine Würfel schneiden und in einem Topf mit dem Öl leicht braun anbraten. Die Backpflaumen in Würfel oder feine Streifen schneiden und mit den Kartoffelstücken in den Topf geben. Den Topf vom Herd ziehen und alles mit einem Kartoffelstampfer unter Zugabe von Sojamilch zu einem Püree verarbeiten. Mit Salz, Pfeffer, Muskat und einem Hauch Zimt abschmecken.

Für das Chutney den Saft der Zitrone in einer Schüssel mit Wasser mischen. Die Schwarzwurzeln unter fließendem Wasser mit einer Bürste vom Sand befreien, anschließend mit Gummihandschuhen (der Schwarzwurzelsaft ist klebrig und verfärbt die Hände) und einem Sparschäler schälen und sofort in das Zitronenwasser geben, damit sie nicht schwarz anlaufen.

Wasser mit Salz in einem Topf aufkochen, die Schwarzwurzeln für ca. 5 Minuten in das kochende Wasser geben und danach in Eiswasser abschrecken. Die Schwarzwurzeln zuerst in grobe Stücke, dann in feine Würfel schneiden. Die Schalotte schälen und würfeln. In einem Topf das Rapsöl erhitzen, die Schalotte glasig dünsten, die Schwarzwurzelwürfel dazugeben und alles mit Weißwein ablöschen. Die Sojasahne aufgießen, kurz aufkochen und mit Salz, Pfeffer und Muskat abschmecken.

Den Tempeh in Scheiben schneiden. Den Ingwer schälen und in sehr feine Würfel schneiden. In einer Pfanne das Öl erhitzen und den Ingwer leicht anschwitzen. Den Tempeh dazugeben und anbraten, bis er schön braun ist. Die Temperatur verringern und mit der Tamari-Sojasauce ablöschen. Den Ingwer-Tempeh mit dem Püree und dem Schwarzwurzel-Chutney servieren.

mit kürbis-lauch gefüllte cannelloni
an weißweinsauce und rucola

4 Portionen

Für die Weißweinsauce:
1 Zwiebel
2 EL Margarine
150 ml Weißwein
500 ml Gemüsefond
85 ml Sojasahne

Für die Cannelloni:
16 Stck. Cannellonirollen
Salz
500 g Muskatkürbis
1 Zwiebel
2 Stangen Lauch
1 EL Kürbiskernöl
2 EL Rapsöl
1 Lorbeerblatt
2 Körner Piment
Salz
Pfeffer
Cayennepfeffer
Fett für die Form
100 g Sojakäse

Außerdem:
1 Bund Rucola

Für die Weißweinsauce die Zwiebel schälen und in Würfel schneiden. Die Margarine in einem Topf zerlassen und die Zwiebelwürfel darin glasig dünsten. Mit Weißwein ablöschen und auf die Hälfte einkochen lassen. Den Gemüsefond dazugeben, alles erneut auf die Hälfte einkochen und durch ein Sieb passieren. Die Sojasahne dazugeben und einköcheln lassen, bis die gewünschte Konsistenz erreicht ist.

Die Cannellonirollen in Salzwasser bissfest kochen und anschließend mit kaltem Wasser abschrecken. Den Muskatkürbis schälen und in feine Würfel schneiden. Die Zwiebel schälen und ebenfalls in feine Würfel schneiden.

Den Lauch der Länge nach aufschneiden, waschen und in feine Streifen schneiden. In einer Pfanne die Öle erhitzen. Zwiebelwürfel, Lorbeer und Piment dazugeben. Sobald die Zwiebeln glasig sind, die Kürbiswürfel dazugeben und weitere 3 Minuten anschwitzen. Die Pfanne vom Herd ziehen und alles in eine Schüssel geben. Die Lauchstreifen unter die Masse heben, Lorbeer und Piment herausnehmen. Mit Salz, Pfeffer und etwas Cayennepfeffer würzen. Die Masse in eine Spritztüte geben und die Cannellonirollen damit befüllen.

Die Cannelloni in eine gefettete Auflaufform geben, mit der Hälfte der Sauce übergießen und mit dem Käse bestreuen. Bei 180 °C für 20 Minuten im Ofen backen.

Den Rucola waschen und mit den gebackenen Cannelloni und der restlichen Weißweinsauce anrichten.

Mein Tipp: *Die Weißweinsauce kann mit etwas Margarine verfeinert werden und bekommt somit einen noch cremigeren Geschmack.*

krautrouladen mit apfel-sellerie-bulgur
an geschmorten schalotten und bratensauce

4 Portionen

Für den Bulgur:
200 g Bulgur
Gemüsefond
1 Schalotte
2 EL Walnussöl
2 Äpfel
Saft von ½ Zitrone
Salz
Cayennepfeffer

Für die Sauce:
2 Zwiebeln
1 Karotte
1 Stange Lauch
40 g Knollensellerie
4 EL Rapsöl
2 TL Tomatenmark
200 ml Rotwein
500 ml Gemüsefond
Lorbeerblatt
Piment
Salz

Außerdem:
1 Kopf Weißkraut
1 Zwiebel
1 Knoblauchzehe
100 g Sojagranulat
40 ml Öl
Salz
Pfeffer
50 g Seitanpulver
1 Scheibe Toast
50 ml Sojasahne
20 g Tomatenmark
20 g Senf
4 Schalotten

Den Bulgur in eine Schüssel geben. Gemüsefond aufkochen und so viel in die Schüssel geben, bis der Bulgur damit knapp bedeckt ist. Nach ca. 10 Minuten den Bulgur auflockern. Die Schalotte häuten, würfeln und in einer Pfanne mit dem heißen Öl glasig dünsten. Die Äpfel entkernen und in feine Würfel schneiden. Mit dem Zitronensaft beträufeln und anschließend unter den noch warmen Bulgur geben. Mit Salz und Cayennepfeffer abschmecken.

Für die Sauce die Zwiebeln schälen und grob würfeln. Die Karotte, den Lauch und den Sellerie putzen, in grobe Stücke schneiden und mit dem Öl in einen heißen Topf geben. Das Gemüse rösten, bis es eine dunkelbraune (nicht schwarze!) Farbe annimmt. Nun die Temperatur etwas verringern, das Tomatenmark dazugeben und für ca. 3 Minuten rösten. Mit einem Viertel des Rotweins ablöschen und einkochen lassen. Dies ein weiteres Mal wiederholen und anschließend mit dem restlichen Rotwein und Gemüsefond aufgießen. Lorbeer und Piment dazugeben und so lange einkochen, bis die gewünschte Konsistenz und ein kräftiger Geschmack erreicht sind. Die Sauce anschließend durch ein Sieb passieren und mit Salz abschmecken.

Einen großen Topf mit Wasser zum Kochen bringen. Vom Weißkraut die äußeren Blätter und den Stiel entfernen und den Kohlkopf so lange im Wasser kochen, bis sich die ersten Blätter lösen. Die gelösten Blätter in kaltem Wasser abschrecken. Den Vorgang so lange wiederholen, bis 8–12 Blätter gelöst sind. Den dicken Strunk entfernen.

Zwiebel und Knoblauch schälen und würfeln. Das Sojagranulat nach Packungsanweisung einweichen und mit Öl und Zwiebelwürfeln anbraten. Mit etwas Salz, Pfeffer und Knoblauch würzen und anschließend abkühlen lassen. Das Seitanpulver mit Toastbrot, Sojasahne, Tomatenmark und Senf unter das Sojagranulat mischen. Mit Salz und Pfeffer abschmecken. Die Füllung in jeweils 2 oder 3 Blätter einwickeln und mit einer Rouladenspange oder einem Faden zusammenhalten. Die Schalotten häuten und mit den Krautrouladen in eine Backform geben, mit etwas Bratensauce aufgießen und für 30 Minuten bei 180 °C auf mittlerer Schiene im Backofen schmoren.

Die Rouladen, den Bulgur, die Schalotten und die Sauce auf Tellern anrichten und heiß servieren.

gebackener chicorée
mit confierten tomaten und tofubacon
dazu thymiankartoffeln und orangenfilets

4 Portionen

Für die Thymiankartoffeln:
500 g Kartoffeln (Drillinge)
3 EL Olivenöl
1 Knoblauchzehe
2 Zweige Thymian
Salz
Pfeffer

Für die confierten Tomaten:
200 g Kirschtomaten
1 Knoblauchzehe
2 Zweige Thymian
½ Zweig Rosmarin
50 ml Olivenöl
Salz
Pfeffer

Für den gebackenen Chicorée:
4 Chicorée
Rauchsalz
Pfeffer
2 EL Olivenöl

Außerdem:
400 g Räuchertofu
2 EL Rapsöl
2 EL Tamari-Sojasauce
2 Orangen

Die Drillinge in einem Topf mit Wasser für ca. 15 Minuten kochen und ausdämpfen lassen. In einer Pfanne das Öl mit dem angedrückten Knoblauch und den Thymianzweigen erhitzen. Die Drillinge halbieren, im aromatisierten Öl schwenken und mit Salz und Pfeffer würzen.

Für die confierten Tomaten diese waschen und trockentupfen. Den Knoblauch andrücken und mit dem Thymian und Rosmarin zum Olivenöl in einen ofenfesten Topf geben. Die Tomaten darin schwenken und mit Salz und Pfeffer bestreuen. Im Backofen bei 80 °C für 15–20 Minuten backen.

Den Chicorée vierteln und den Strunk entfernen. Mit Rauchsalz und Pfeffer würzen und in einer heißen Pfanne mit dem Olivenöl anbraten.

Den Tofu in dünne Filets schneiden und in einer Pfanne mit dem Öl anbraten. Mit Tamari-Sojasauce ablöschen und anschließend auf Küchenpapier abtropfen lassen.

Die Orangen von der Schale befreien. Die weiße Haut mit einem Messer wegschneiden und anschließend die Filets heraustrennen. Nach Belieben die Orangenfilets erwärmen.

Alle Zutaten auf Tellern anrichten und servieren.

cranberry-safran-couscous
mit orangen und karamellisierten walnüssen

4 Portionen

3 EL Zucker
3 EL Wasser
75 g Walnusskerne
2 Bioorangen
225 ml Sojamilch (ungesüßt)
0,1 g Safran
75 g Cranberries
200 g Couscous
100 ml aufschlagbare Sojasahne

Den Zucker und das Wasser in einer Pfanne aufkochen, die Temperatur reduzieren und so lange köcheln lassen, bis die Masse große Blasen wirft. Die Walnusskerne in die Pfanne geben und köcheln lassen, bis der Zucker zu karamellisieren beginnt. Die Walnusskerne auf Backpapier geben und vollständig auskühlen lassen.

Die Orangen heiß waschen, trocknen, Zesten aus der Schale reißen und mit der Milch, dem Safran und den Cranberries aufkochen. Anschließend 10 Minuten köcheln lassen und danach die Milch über den Couscous gießen, durchrühren und für 20–30 Minuten quellen lassen. Dann den Couscous mit einem Löffel auflockern.

Die Sojasahne aufschlagen und den Couscous vorsichtig unterheben. Die Orangen mit einem Messer von der Schale und der Haut befreien und filetieren.

Den Safran-Couscous mit den karamellisierten Walnüssen und den Orangenfilets anrichten.

zimtcreme
mit lebkuchen-schokoladen-sauce

4 Portionen

Für die Zimtcreme:
- 1 TL Zimt
- 2 EL Rum
- 50 g Agavendicksaft
- 1 TL Agar-Agar
- 400 ml Sojasahne
- ½ EL Speisestärke
- 50 ml Sojamilch (ungesüßt)

Für die Sauce:
- 70 g Kuvertüre
- ½ TL Lebkuchengewürz
- 125 ml Sojasahne

Zimt, Rum, Agavendicksaft und Agar-Agar in die kalte Sojasahne einrühren und alles aufkochen.

Die Speisestärke in die kalte Sojamilch einrühren, unter ständigem Rühren langsam in die kochende Sahne gießen und 1 Minute köcheln lassen. Anschließend durch ein feines Sieb passieren und in mit kaltem Wasser ausgespülte Förmchen füllen. Die Formen im Kühlschrank für 2–4 Stunden durchkühlen lassen.

Die Kuvertüre im Wasserbad zusammen mit dem Lebkuchengewürz schmelzen lassen und anschließend mit der zimmerwarmen Sojasahne vermischen.

Die Sauce auf Tellern anrichten und die gestockte Creme aus den Förmchen darauf stürzen.

Mein Tipp: Lebkuchengewürz kann man auch selbst herstellen.
Für 110 Gramm einfach folgende Gewürze vermischen:
70 g Zimt
18 g Nelke
3 g Piment
4 g Ingwer (gemahlen)
4 g Kardamom
4 g Muskatblüte
3 g Koriander
2 g Anis
2 g Pfeffer

marzipanbratäpfel
mit glühweinsauce

4 Portionen

Für die Bratäpfel:
1 EL Rosinen
Rum
100 g Marzipan
2 EL Mandelstifte
2 EL Walnüsse
  (gehackt)
4 Äpfel (säuerlich,
  z.B. Boskop)

**Für die Glühwein-
  sauce:**
150 ml Wasser
1 TL schwarzer Tee
200 ml Rotwein
  (fruchtig)
50 ml Rum
100 ml Orangensaft
½ Zimtstange
½ Sternanis
10 g frischer Ingwer
1 gestrichener EL
  Speisestärke
100 ml Sojasahne

Die Rosinen am Vortag in ein Glas geben und mit Rum bedecken.

Am nächsten Tag für die Sauce das Wasser aufkochen und den Tee darin für 3 Minuten ziehen lassen. Anschließend den Schwarztee mit Rotwein, Rum, Orangensaft, Zimt, Sternanis und Ingwer aufkochen, auf niedriger Stufe 10 Minuten ziehen lassen und dann durch ein Sieb gießen. Die Speisestärke mit der Sojasahne vermischen, unter ständigem Rühren in den Glühwein geben und alles kurz aufkochen lassen.

Marzipan grob zerbröseln. Die Rosinen abtropfen lassen und mit Marzipan, Mandeln und gehackten Walnüssen mischen. Das Kerngehäuse der Äpfel ausstechen und mit der Marzipanmasse füllen. Den Backofen vorheizen, die gefüllten Äpfel auf ein Blech oder in eine Auflaufform setzen und bei 200 °C für 20-25 Minuten braten.

Die Sauce warm oder kalt mit den Bratäpfeln servieren.

orangenschnitten

10 Portionen

Für den Biskuit:
½ Vanilleschote
340 g Weizenmehl
2 EL Backpulver
260 g Zucker
375 ml Wasser mit Kohlensäure
60 g neutrales Öl

Für die Creme:
2 ½ gestrichene TL Agar-Agar
500 ml frisch gepresster Orangensaft
2 TL Orangenzesten
500 g aufschlagbare Sojasahne
500 g Sojajoghurt

Für den Biskuit die Vanilleschote längs halbieren, das Mark herauskratzen und in eine Schüssel geben. Mehl, Backpulver und Zucker hinzufügen und vermischen. Abschließend das Wasser und das Öl dazugeben, alles zu einem homogenen Teig verrühren, auf ein mit Backpapier ausgelegtes Backblech streichen und bei 160 °C für 20–25 Minuten backen.

Den Biskuit aus dem Ofen nehmen und völlig abkühlen lassen, bevor er weiterverwendet wird.

Für die Creme das Agar-Agar in den Orangensaft rühren, mit den Zesten aufkochen und anschließend auf 50–60 °C abkühlen lassen.

Die Sojasahne steif schlagen. Den abgekühlten Orangensaft unter den Sojajoghurt rühren und sofort unter die Sahne heben.

Die Orangencreme auf den Biskuitboden streichen und im Kühlschrank mindestens 2 Stunden auskühlen lassen.

***Mein Tipp**: Die Orangenschalen von Bioorangen sind vielseitig nutzbar und verfeinern durch ihr herrliches Aroma viele Speisen, insbesondere Desserts. Wichtig ist dabei, dass nur das orangefarbene Äußere der Schale genutzt wird, da das Weiße extrem bitter ist und die Speisen ruinieren kann.*

vanillecreme
mit gezuckertem pfirsich und maronenkrokant

4 Portionen

1 Vanilleschote
200 ml aufschlagbare Sojasahne
4 gekochte Maronen
2 Pfirsiche (Dose)
50 g Rohrohrzucker
50 ml Wasser
½ Bioorange

Die Vanilleschote der Länge nach halbieren und das Mark herauskratzen. Die Sojasahne mit dem Vanillemark mischen und aufschlagen. Anschließend die Sahne für 1 Stunde kalt stellen, damit sich der Vanillegeschmack entfalten kann.

Die Maronen schälen und in dünne Scheiben schneiden. Die Pfirsiche mit einem Messer in feine Filets schneiden. Den Zucker in einer heißen Pfanne karamellisieren lassen, mit Wasser ablöschen und aufkochen. Die Pfirsichfilets in dem Zuckerwasser 2–3 Minuten köcheln lassen und anschließend herausnehmen.

Die Orangen heiß waschen, Zesten von der Orange reißen und zum Zuckerwasser geben. Das Zuckerwasser weiter einkochen lassen, bis es große Blasen wirft. Jetzt die Maronenscheiben dazugeben und bei geringerer Temperatur karamellisieren lassen. Die Maronenscheiben herausnehmen und auf einem Backpapier auskühlen lassen.

Die Creme mit den Pfirsichen und den Maronen auf Tellern anrichten und kalt servieren.

Mein Tipp: Statt Pfirsichen kann man auch Äpfel oder Orangen verwenden.

register

Apfelküchlein mit Vanille-Kardamon-Sauce **110**
Apfel-Feigen-Dressing, Fruchtiger Sommersalat mit **50**
Apfel-Sellerie-Bulgur an geschmorten Schalotten und Bratensauce, Krautrouladen mit **126**

BBQ-Burger **64**
Belugalinsen-Salat mit gegrillter Zucchini **49**
Berliner Mini-Buletten auf gerösteten Äpfeln und Zwiebeln **80**
Birnenpastete mit Fruchtrelish **94**
Blätterteig-Kräuterstangen, Suppe von gelber Paprika mit **44**
Blätterteigmantel, Lavendel-Heidelbeer-Eis im **108**
Blätterteigtaschen mit Spinat dazu Pinienkerne und Tofu **55**
Bratäpfel mit Glühweinsauce, Marzipan- **135**
Brennnessel-Kartoffelsuppe **19**
Bruschetta **57**
Buletten auf gerösteten Äpfeln und Zwiebeln, Berliner Mini- **80**
Burger, BBQ- **64**

Cannelloni an Weißweinsauce und Rucola, Mit Kürbis-Lauch gefüllte **124**
Chicorée mit confierten Tomaten und Tofubacon dazu Thymiankartoffeln und Orangenfilets, Gebackener **129**

Cranberry-Safran-Couscous mit Orangen und karamellisierten Walnüssen **131**

Dattelratatouille, Reispuffer mit **61**
Dinkel-Grünkernbratlinge **23**
Dilldressing, Rucolasalat mit marinierten Erdbeeren an cremigem **20**
Erdbeer-Rhabarber-Grütze mit Vanillesauce **34**
Erdbeertiramisu **73**

Feurige Schokomousse an Sauerkirschkompott **71**
Feurige Zucchinisuppe **47**
Flammkuchen **89**
Fruchtiger Sommersalat mit Apfel-Feigen-Dressing **50**
Fruchtrelish, Birnenpastete mit **94**

Gebackener Chicorée mit confierten Tomaten und Tofubacon dazu Thymiankartoffeln und Orangenfilets **129**
Gebratener Spargel auf Pasta mit Limetten-Rucola-Sauce **31**
Gedeckter Apfelkuchen mit Maronen-Orangen-Sauce **104**
Gefüllte Kohlrabi mit cremiger Lauchzwiebel-Sauce und Safranreis **24**
Gegrillte Zucchini, Belugalinsen-Salat mit **49**
Gegrillter Hokkaido mit Drillingen und Rotwein-Schoko-Sauce **100**
Gemüsereigen, Kartoffel-Waldpilz-Strudel im **91**
Gemüseschaschlik mit Johannisbeer-BBQ-Sauce und Hirsesalat **66**

Germknödel mit Waldbeerensauce **58**
Geschmorter Fenchel, Tomaten, Radicchio und Rucolapesto, Selbstgemachte Pasta mit **62**
Glühweinsauce, Marzipanbratäpfel mit **135**
Grießklößchen, Petersilienessenz mit **82**

Hirsesalat, Gemüseschaschlik mit Johannisbeer-BBQ-Sauce und **66**
Holunderblüten-Bowle **39**

Ingwer-Tempeh auf Süßkartoffel-Backpflaumen-Püree und Schwarzwurzel-Chutney **122**

Johannisbeer-BBQ-Sauce und Hirsesalat, Gemüseschaschlik mit **66**

Kapern-Senf-Dressing, Rote-Bete-Lauch-Salat mit **87**
Kartoffelklöße auf Preiselbeersauce, Seitanröllchen mit Rosmarinrosenkohl und **96**
Kartoffel-Waldpilz-Strudel im Gemüsereigen **91**
Kichererbsen-Walnuss-Burger mit Senf-Sahne-Creme und Rotkohl-Sesam-Salat **84**
Kirschmichel **68**
Krautrouladen mit Apfel-Sellerie-Bulgur an geschmorten Schalotten und Bratensauce **126**

Lavendel-Heidelbeer-Eis im Blätterteigmantel **108**
Lebkuchen-Schokoladen-Sauce, Zimtcreme mit **132**

Limetten-Rucola-Sauce, Gebratener Spargel auf Pasta mit **31**
Linsen-Gemüse-Salat mit Sour Cream **116**

Mangold-Kartoffel-Auflauf **98**
Mangoldrisotto mit karamellisierten Kürbiskernen und Balsamicocreme, Panierte Selleriefilets auf **28**
Maronenkrokant, Vanillecreme mit gezuckertem Pfirsich und **139**
Maronen-Orangen-Sauce, Gedeckter Apfelkuchen mit **104**
Marzipanbratäpfel mit Glühweinsauce **135**
Meißner Quarktorte **40**
Mit Kürbis-Lauch gefüllte Cannelloni an Weißweinsauce und Rucola **124**
Mohn-Limetten-Dressing, Tomaten-Avocado-Carpaccio mit **52**

Orangenschnitten **136**

Panierte Selleriefilets auf Mangoldrisotto mit karamellisierten Kürbiskernen und Balsamicocreme **28**
Paprikacracker, Teltower-Rübchen-Suppe mit **120**
Pasta mit geschmortem Fenchel, Tomaten, Radicchio und Rucolapesto, Selbstgemachte **62**
Petersilienessenz mit Grießklößchen **82**
Pfirsichtartes mit Walnusscreme **102**
Pflaumen-Ingwer-Mohn-Parfait **106**

Preiselbeersauce, Seitanröllchen mit Rosmarinrosenkohl und Kartoffelklößen auf 96

Quarkkeulchen mit Stachelbeerkompott 77
Quarktorte, Meißner 40

Reispuffer mit Dattelratatouille 61
Reissalat mit Sojahackbällchen 115
Rhabarberkuchen mit Vanillefüllung und Blätterteiggitter 36
Rosmarinrosenkohl und Kartoffelklößen auf Preiselbeersauce, Seitanröllchen mit 96
Rote-Bete-Lauch-Salat mit Kapern-Senf-Dressing 87
Rotkohl-Sesam-Salat, Kichererbsen-Walnuss-Burger mit Senf-Sahne-Creme und 84
Rotwein-Schalotten, Steinpilz-Risotto mit sautiertem Spinat und 93
Rotwein-Schoko-Sauce, Gegrillter Hokkaido mit Drillingen und 100
Rucolapesto, Selbstgemachte Pasta mit geschmortem Fenchel, Tomaten, Radicchio und 62
Rucolasalat mit marinierten Erdbeeren an cremigem Dilldressing 20

Safranreis, Gefüllte Kohlrabi mit cremiger Lauchzwiebel-Sauce und 24
Salat von grünem Spargel mit gerösteten Haselnüssen 17
Sauerkirschkompott, Feurige Schokomousse an 71
Schwarzwurzel-Chutney, Ingwer-Tempeh auf Süßkartoffel-Backpflaumen-Püree und 122
Seitanröllchen mit Rosmarinrosenkohl und Kartoffelklößen auf Preiselbeersauce 96
Selbstgemachte Pasta mit geschmortem Fenchel, Tomaten, Radicchio und Rucolapesto 62
Selleriefilets auf Mangoldrisotto mit karamellisierten Kürbiskernen und Balsamicocreme, Panierte 28
Sojafilets im Frühlingsmantel mit Spargel-Rhabarber-Gemüse und gebackenen Drillingen 27
Sojahackbällchen, Reissalat mit 115
Sommersalat, Fruchtiger mit Apfel-Feigen-Dressing 50
Sour Cream, Linsen-Gemüse-Salat mit 116
Spargel-Rhabarber-Gemüse und gebackenen Drillingen, Sojafilets im Frühlingsmantel mit 27
Spinat dazu Pinienkerne und Tofu, Blätterteigtaschen mit 55
Stachelbeerkompott, Quarkkeulchen mit 77
Steinpilz-Risotto mit sautiertem Spinat und Rotwein-Schalotten 93
Suppe von gelber Paprika mit Blätterteig-Kräuterstangen 44
Süßkartoffel-Backpflaumen-Püree und Schwarzwurzel-Chutney, Ingwer-Tempeh auf 122

Teltower-Rübchen-Suppe mit Paprikacrackern 120
Thymiankartoffeln und Orangenfilets, Gebackener Chicorée mit confierten Tomaten und Tofubacon dazu 129
Tofustreifen im Sesammantel und Wasabi-Tahina-Dressing, Wildkräuter-Salat mit 14
Tomaten-Avocado-Carpaccio mit Mohn-Limetten-Dressing 52

Vanillecreme mit gezuckertem Pfirsich und Maronenkrokant 139
Vanille-Kardamom-Sauce, Apfelküchlein mit 110
Vanillesauce, Erdbeer-Rhabarber-Grütze mit 34

Waldbeerensauce, Germknödel mit 58
Waldmeisterparfait 33
Walnusscreme, Pfirsichtartes mit 102
Wasabi-Tahina-Dressing, Wildkräuter-Salat mit Tofustreifen im Sesammantel und 14
Wildkräuter-Salat mit Tofustreifen im Sesammantel und Wasabi-Tahina-Dressing 14

Zimtcreme mit Lebkuchen-Schokoladen-Sauce 132
Zitronencreme 75
Zucchinisuppe, Feurige 47
Zucchini, Belugalinsen-Salat mit gegrillter 49

impressum

© 2013 Südwest Verlag,
einem Unternehmen der Verlagsgruppe
Random House GmbH,
81673 München.
Die Verwertung der Texte und Bilder, auch auszugsweise, ist strafbar. Dies gilt auch für Vervielfältigungen, Übersetzungen, Mikroverfilmung und für die Verarbeitung mit elektronischen Systemen.

Hinweis
Die Ratschläge/Informationen in diesem Buch sind von Autor und Verlag sorgfältig erwogen und geprüft. Dennoch kann eine Garantie nicht übernommen werden. Eine Haftung des Autors bzw. des Verlags und seiner Beauftragten für Personen-, Sach- und Vermögensschäden ist ausgeschlossen.

Auch erhältlich
ISBN 978-3-517-08777-1

Björn Moschinski
Restaurant/Kochschule/Catering/Coaching
www.kopps-berlin.de
www.veganheadchef.com
facebook.com/veganheadchef

Fotografie:
Florian Bolk (LE SCHICKEN)
Besuchen Sie uns auf facebook.com/leschicken
Bild Seite 4: Bartek Langer

Redaktionsleitung: Susanne Kirstein
Projektleitung: Eva Wagner
Layout, DTP, Gesamtproducing:
    Jason Kassab-Bachi (LE SCHICKEN)
Textliche Mitarbeit: Sandra Gärtner, Antje Jerichow
Redaktion: LE SCHICKEN, Björn Moschinski
Korrektorat: Antje Jerichow, Kerstin Weber
Umschlaggestaltung: Jason Kassab-Bachi
Reproduktion: Artilitho snc, Lavis (Trento)
Druck und Verarbeitung: Mohn media
    Mohndruck GmbH, Gütersloh

Printed in Germany
Das für dieses Buch verwendete FSC©-zertifizierte
Papier *Profisilk* wurde produziert von Sappi Alfeld.
ISBN 978-3-517-08825-9
817 2635 4453 6271

Produkt	Jan.	Feb.	Mär.	Apr.	Mai	Jun.	Jul.	Aug.	Sep.	Okt.	Nov.	Dez.
Artischocke								•	•	•		
Aubergine						•	•	•	•	•		
Bataviasalat					•	•	•	•				
Blattspinat (Freiland)				•	•	•	•	•	•	•		
Blattspinat (Gewächshaus)	•	•	•	•							•	•
Blattzichorie							•	•	•			
Blumenkohl							•	•	•	•	•	
Brokkoli							•	•	•	•		
Brunnenkresse	•	•	•	•	•				•	•	•	
Buschbohnen								•	•	•		
Chicorée	•	•	•	•						•	•	
Chinakohl							•	•	•	•	•	
Eichblattsalat								•	•	•		
Eissalat							•	•	•	•		
Endivie						•	•	•	•	•	•	•
Erbsen												
Feldsalat	•	•	•	•								•
Fenchel								•	•	•	•	
Gartenkresse	•	•	•	•	•	•	•	•	•	•	•	•
Grünkohl	•	•	•							•	•	•
Karotte						•	•	•	•	•		
Kartoffel						•	•	•	•	•		
Knollensellerie							•	•	•	•	•	
Kohlrabi (Freiland)					•	•						
Kohlrabi (Gewächshaus)	•	•	•	•	•				•	•	•	•
Kopfsalat					•	•	•	•	•	•		
Lauch	•	•	•		•	•	•	•	•	•	•	•
Lollo Rosso					•	•	•	•	•	•	•	•
Löwenzahn (Freiland)				•	•	•	•	•	•	•		